FÜR MEINE

 UND

DENEN ICH **SO VIEL** ZEIT

GESTOHLEN HABE   UND DIE TROTZDEM SO

GEWORDEN SIND

UND FÜR MEINE

DIE SCHON IMMER WUNDERBAR WAR.

RALF BOS

DAS IST EIN BUCH WESEN FABELWESEN GESCH

GEMACHT MIT WISSEN, KLEBER

Als ich Ralf Bos vor über 20 Jahren kennenlernte, war er einer der vielen Lieferanten, die ständig anriefen und mir exotische Lebensmittel zum Kauf anboten. Bei Ralf war aber etwas anders. Er bot mir nicht Basmati-Reis aus Indien an, sondern den Hochzeitsreis des Maharadschas, der vom Schmelzwasser des Himalayas gewässert wurde. Er bot mir auch nicht Wildreis aus Kanada, sondern Wildgrassamen, der in den Seen Saskatchewans von Indianern in Kanus geerntet wurde. Mit jedem Produkt wurde auch gleich eine Geschichte geliefert. Fremde Gewürze, getrocknete Pilze, neuartige Öle und exklu-

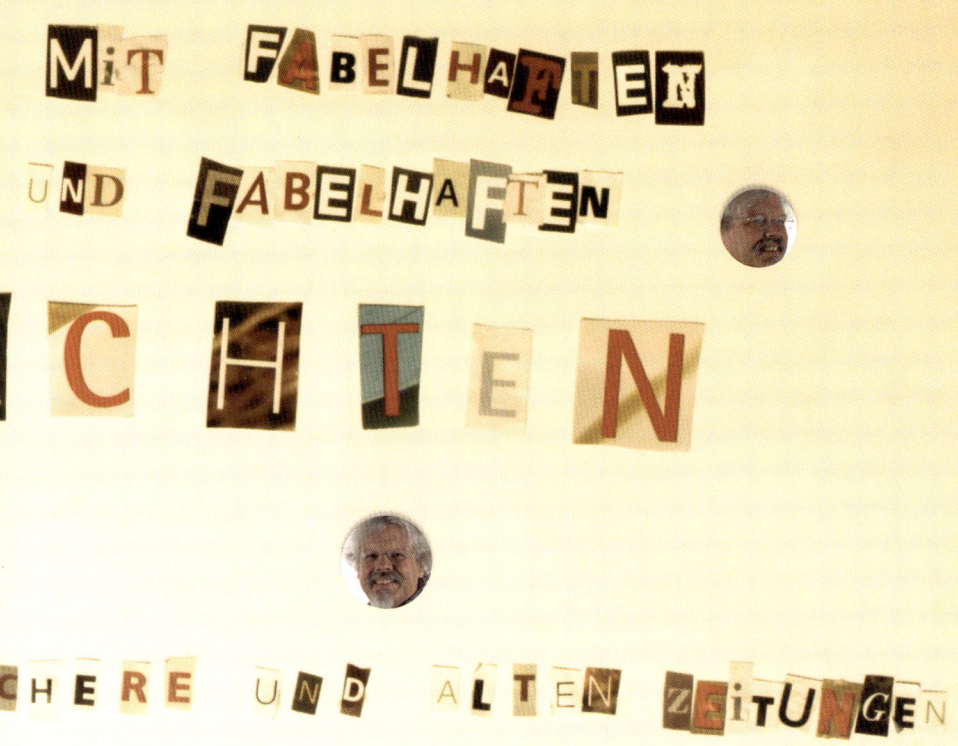

MiT FABELHAFTEN UND FABELHAFTEN ICHTEN ...CHERE UND ALTEN ZEITUNGEN

sive Ingredienzen wurden von ihm nicht nur gefunden und wie von einem Springbrunnen in der gehobenen Gastronomie verteilt, sondern immer auch mit einer guten Portion Fachwissen und einer griffigen Geschichte geliefert. Erst viel später wurde mir klar, dass Ralf nicht nur ein amüsanter Geschichtenerzähler war, sondern ein ungeheuer emphatischer Produktfachmann. Oberflächliches Halbwissen war nicht seine Sache. Wenn ihn etwas interessierte, dann wühlte und stöberte er wie ein Trüffelschwein in Büchern und Berichten herum, fuhr zu den Fundorten und freundete sich mit den

3

Erzeugern an, bis er sich seiner Sache sicher war. Noch heute ist man immer wieder von seiner breiten und tiefen Produktkenntnis beeindruckt. Neben seinem Steckenpferd, dem Trüffel, gibt es eine kaum zählbare Menge von Produkten und Themen, bei denen Ralf nicht nur sattelfest, sondern sozusagen, Fachmann durch Erleben, geworden ist. Der Unterschied zwischen einem „Food-Journalisten" und Ralf liegt in der Tatsache, dass Ralf seine Geschichten nicht im Internet googelt, sondern, dass er aus Erfahrung spricht. Zudem ist er ziemlich witzig. Diese Kombination macht aus diesem Buch etwas ganz Besonderes. Man lernt, ohne lernen zu müssen, da Ralf in lustigen Bildern schreibt und so etwas bleibt hängen. Er geht Themen an, die jeden interessieren und solche, die sonst eher stiefkindlich behandelt werden. Dadurch ist es gleichzeitig ein Fachbuch für ambitionierte Köche, ein Coffeetable Book und eine entspannende Urlaubslektüre.

Ich habe Ralf, in der langen Zeit nach unserer ersten Begegnung, in vielen verschiedenen Facetten kennengelernt. Als erfolgreichen Kaufmann, als liebenden Ehemann und Vater, als textsicheren Buchautor, als charmanten Redner und Moderator und nicht zuletzt, als Wohltäter im Kampf gegen die Ungerechtigkeit auf unserer Welt. Zusammen mit ihm gründete ich die Organisation „Spitzenköche für Afrika", die sich das Ziel gesetzt hat, jedes Jahr eine Schule für 1000 Kinder im ärmsten Teil von Afrika zu bauen. So locker, wie er all diese Aufgaben meistert, so locker ist auch dieses Buch geschrieben. Ich hoffe, es macht Ihnen beim Lesen genau so viel Spaß wie mir, und Dir, lieber Ralf, muss ich das größte Lob aussprechen, das man von mir zu hören bekommen kann: „Sauber Bub".

Es wünscht Dir alles Gute
Dein Freund

Eckart Witzigmann
Eckart Witzigmann

INHALT

IMPRESSUM

© 2012 Fackelträger Verlag GmbH

Emil-Hoffmann-Str. 1 • D-50996 Köln

www.fackeltraeger-verlag.de

ISBN: 978-3-7716-4505-2

Texte: Ralf Bos

Produktion: Edition Port Culinaire, Köln

Illustrationen/Collagen: Nach Ideen von Thomas Ruhl

Geschnipselt und geklebt haben: Thomas Ruhl, Petra Gril, Sabine
Feuser, Katrin Roland

Anschriften:

BOS FOOD GmbH • Ralf Bos • Grünstraße 24c • D-40667 Meerbusch

Tel.: +49 (0) 2132 – 139-0 • Fax: +49 (0) 2132 – 139-100

service@bosfood.de • www.bosfood.de

Edition Port Culinaire • Thomas Ruhl • Werderstraße 21 • D-50672 Köln

Tel.: +49 (0) 221 – 56 95 94-0 • Fax: +49 (0) 221 – 56 95 94-19

info@port-culinaire.de • www.port-culinaire.de

Wie es wurde, was es ist.

Lieber Leser,
jetzt halten Sie mein mittlerweile drittes Buch in der Hand. Bestimmt fragen Sie sich, was Sie erwartet. Ich sage es Ihnen gerne.

Kulinarische Geschichten in alphabetischer Reihenfolge gibt es schon. Aber auch von einem Autor, der sein Leben in den Dienst der Kulinarik gestellt hat?

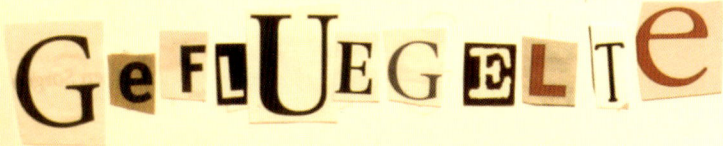

Meine Philosophie ist einfach, aber doch prägnant: Nur die besten Zutaten führen zu den besten Gerichten. Als gelernter Koch, Sommelier und Restaurantdirektor in der internationalen Gastronomie habe ich diesen Grundsatz stets vertreten. Und mit meinem Unternehmen BOS FOOD erst recht. Wir beliefern aktuell 12.000 Spitzenköche mit nahezu ebenso vielen Delikatessen aus aller Welt. Das sind Profis, die sich täglich bemühen, höchsten Ansprüchen gerecht zu werden. Es sind ebenfalls Top-Gastronomen, die stets bestrebt sind, ihren Gästen ein authentisches und unverwechselbares Geschmackserlebnis zu servieren. Unsere hoch kompetenten Mitarbeiter beraten außerdem eine ständig wachsende Schar ambitionierter Hobbyköche und Endverbraucher. Sie alle verbindet eines, die Vorliebe für den Genuss. Dafür arbeiten wir gerne, denn wir lieben und leben

woRrrThE

RALF SAGT IST LECKER
DANN ISST **ESST** LECKER

für Delikatessen. Mit dem Wissen um jedes einzelne Produkt und den vielfältigen Möglichkeiten der Zubereitung öffnen wir für jeden die Tür, der in die Genießerwelt eintauchen und sich begeistern lassen möchte.

Bei diesem faszinierenden Eintritt möchte ich Sie persönlich begleiten. Deshalb habe ich dieses Buch geschrieben. Ich möchte Sie mitnehmen auf eine Reise durch ein kulinarisches Alphabet der besonderen Art. Bei all meinen Schilderungen greife ich auf das zurück, was ich selbst erlebt habe. Schon deswegen unterscheidet sich dieses Buch von anderen Werken. Die Inhalte wurden von mir bewusst so verfasst, dass Sie sich entspannt zurücklehnen und genießen können. Das Auge isst bekanntlich immer mit. Daher haben wir die 26 Kapitel auch mit lustigen Collagen von Thomas Ruhl verfeinert, dem wohl besten Food-Fotografen der Welt.

Und vielleicht sind Sie am Ende der Kapitel der gleichen Meinung wie Johann Wolfgang von Goethe: „Kein Genuss ist vorübergehend; denn der Eindruck, den er zurücklässt, ist bleibend."

Ihr Ralf Bos

OSTREIDAE

DIE SACHE MIT DER
AUSTER

In meinem Alltag spielt die Auster eine nicht unwesentliche Rolle, sowohl privat als auch geschäftlich. Privat nicht zuletzt deshalb, weil einer meiner engsten Freunde, Rüdiger Mayer, über viele Jahre Chef des Restaurants Austernmeyer auf Sylt war. Dort wurden die berühmten Sylter Royal-Austern nicht nur geklärt, sondern auch tagfrisch in vielen Variationen zubereitet und serviert.

Geschäftlich bin ich seit vielen Jahren auf der Suche nach der perfekten Auster und dem Geheimnis, welches sie umgibt. Bevor ich ins Detail gehe, möchte ich aber erst einmal mit dem alten Ammenmärchen der Eiweißallergie aufräumen.

Bei vielen Führungen durch unsere Firma und deren Lagerräume machen wir uns einen Spaß daraus, in den verschiedenen Abteilungen des Lagers kleine Probierstationen aufzubauen. So, dass die Besucher im Schokolager einige handgeschöpfte Schokoladen, in der Weinabteilung einen Champagner, im Schinkenlager einen Schinken und im Frischelager eine Auster probieren können. Da unsere Besucher in der Regel kulinarisch interessiert sind, machen ihnen die Verkostungen sehr viel Spaß – bis wir zu den Austern kommen.

Dort teilt sich der Besuch in drei Gruppen auf. Im Schnitt sind von zehn Besuchern zwei Austernfreunde dabei, die sich sofort über die dargereichten Austern hermachen, vier weitere halten nicht viel von Austern oder finden sie sogar ekelhaft. Die letzten vier haben eine Eiweißallergie oder -unverträglichkeit. Sie können zwar Fisch, Fleisch und Eier essen, aber gegen das Eiweiß der Auster sind sie allergisch.

Da meine Besucher, wie gesagt, kulinarisch interessiert sind, haben fast alle irgendwann und irgendwo schon einmal eine Auster probiert und was sie sagen stimmt genau. Zwei haben das Glück gehabt, als erste Auster in ihrem Leben eine sehr gute Auster in passendem Ambiente probiert haben zu dürfen und daher wissen sie, wie geil eine Auster schmecken kann. Was danach kam, reichte oft nicht an die erste Auster heran. Das Schlüsselerlebnis war jedoch so stark, dass über spätere Unzulänglichkeiten anderer Austern hinweggesehen wurde. Man bleibt quasi auf der Jagd nach der ersten Auster. Vier weitere haben als erste Auster eine rotzige und salzige Schleimauster probieren müssen und diese kaum hinuntergebracht oder gar ausgespuckt. Vier weiteren ist nach dem Genuss der ersten Auster wirklich schlecht geworden und das wurde salopp mit dem Ausdruck „Eiweißallergie" abgetan. Hat aber nix damit zu tun.

Was in Wirklichkeit passiert ist, ist Folgendes: Die beiden Austernfreunde haben vermutlich in einem austernproduzierenden Land an der Küste in der richtigen Jahreszeit eine Auster von hoher Qualität probiert. Ein Geschmackserlebnis, das seinesgleichen sucht und das kaum zu finden ist. Die zweite Gruppe hat ihre erste Auster meist in Deutschland oder Österreich oder in einer Touristenfalle probiert. In allen drei Fällen werden Sie wirklich gute Austern so gut wie vergeblich suchen. Die dritte Gruppe ist vermutlich Opfer eines zu sparsamen Küchenchefs oder der falschen Jahreszeit gewesen.

Die Sache mit den sparsamen Küchenchefs möchte ich hier einmal anprangern, da sie mir und meiner Frau schon dreimal passiert ist.

Man muss nämlich wissen, dass Austern von hoher Qualität nach dem Ernten wesentlich länger im Kühlhaus gelagert werden können als Austern von minderer Qualität. Indem qualitativ hochwertige Austern zu Lebzeiten oft und regelmäßig vom Wasser ins Trockene verlagert werden, wird der Schließmuskel, der die beiden Austernschalenhälften zusammen hält, trainiert. Dieses aufwendige Training dient dazu, das Austernfleisch und den Muskel zu kräftigen, hat aber zur Folge, dass stark trainierte Austern ihre Schalen bis zu zwei Wochen geschlossen halten können, während schlecht trainierte Austern bereits nach fünf bis sieben Tagen schlapp machen und sterben. Dies sind auch die Austern, die sich ekelig-rotzig im Mund anfühlen und dafür sorgen, dass man sich beim Probieren schütteln muss.

Jetzt kommt die Sache mit dem sparsamen Küchenchef: Eine Topauster ist etwa doppelt so teuer wie eine Mistauster. Da in Deutschland wie in Österreich jedoch keine Austernkultur zu verzeichnen ist und viele Küchenchefs sogar selber keine Austern essen, kaufen sie diesen Artikel nicht über die Qualität, sondern über den Preis ein – fataler Fehler Nummer 1.

Diese Mistaustern vergammeln auch noch innerhalb kürzester Zeit: Kaum gekauft, sterben sie wie die Fliegen. Um sie nicht wegwerfen zu müssen, werden diese Schmerzpatienten dann auf skurrilste Art und Weise auf die Tageskarte oder ins Menü eingebaut – fataler Fehler Nummer 2.

Ich möchte einmal die drei Fälle aufzählen, die ich selbst erlebt habe. Fall 1: In einem Restaurant in Düsseldorf gab es im Menü einer Veranstaltung eine Austernterrine. Die war so knapp am Rande der

Körperverletzung, dass fast die ganze Gesellschaft das restliche Menü mit grüner Gesichtsfarbe zu sich nahm. Bis auf diejenigen, die keine Austernterrine gegessen hatten.

Fall 2: Hochzeitstagsessen in Lyon. Der Koch servierte im Überraschungsmenü eine kalte Austernsuppe. Mir war danach ein wenig übel. Aber ich bin ein großer robuster Kerl. Meiner Frau war es hundeelend, denn sie ist klein und zierlich und hatte der Austernsuppe nur wenig entgegenzusetzen. Nach einer Stunde ging es wieder und wir konnten weiter essen. Allerdings ohne richtiges Vergnügen.

Fall 3: Wieder ein Hochzeitstagsessen mit meiner Frau, diesmal in Hasselt/Belgien. Auf dem Vorspeisenteller mit gemischten Meeresfrüchten waren unter anderem drei ausgelöste rohe Austern, leicht mariniert. Da meine Frau tapfer ist und die Sache in Lyon zu den Akten gelegt hatte, aß sie diese drei Austern und damit war unser Hochzeitstagsessen bereits mit der Vorspeise beendet. Ich brachte meine Frau aufs Zimmer und schaute mir die belgische Sportschau im Fernsehen an, während meine geliebte Gattin auf der Toilette den Rest des Abends mit dem großen weißen Telefon telefonierte. Von da an war meiner Frau klar, dass sie eine „Eiweißallergie" hat, sie mied in den nächsten Jahren alles, was in irgendeiner Weise mit Austern und Muscheln zu tun hatte. Umso erstaunlicher ist es, meine Gattin heute zu beobachten, wie sie manchmal abends vor dem Zubettgehen noch einmal 15 bis 20 Austern knackt und vertilgt, sofern ich eine Kiste gute Austern mit heimgebracht habe.

Kommen wir jetzt zum Knackpunkt dieser Geschichte. Es gibt also Austern, die länger trainiert werden als andere Austern und die deshalb länger halten, ein kräftigeres Fleisch und einen stärkeren

Muskel haben. Haben diese Austern noch andere Vorteile und vor allem, wie sind sie zu erkennen und zu finden?

Ja, sie haben noch einen anderen Vorteil: Sie sind oft nicht so salzig. Das signalisiert das Wörtchen *Claire* in ihrem Namen. Sie alle haben doch sicher schon einmal die Bezeichnung Fines de *Claire* gehört, nicht wahr? Haben Sie auch schon einmal die Bezeichnung *Spéciales de Claire* gehört? Nein? Sehen Sie, genau hier liegt der Hase im Pfeffer. *Spéciales* sind wesentlich aufwendiger zu hältern und zu trainieren als *Fines* und deshalb teurer.

Bei uns werden fast nur *Fines* angeboten. Darüber hinaus repräsentieren *Spéciales de Claire* zwar das positive Ende der gesetzlichen Bestimmungen, es gibt jedoch einige Austernproduzenten, die noch mehr zur Qualitätssteigerung der Austern tun als zum Erreichen der höchsten Qualitätsstufe nötig ist. Diese hängen der Bezeichnung *Spéciales* noch ihren eigenen Namen an, um zu belegen, dass die Bezeichnung *Spéciales de Claire* ihrem Aufwand nicht gerecht wird. Das bekannteste Beispiel sind die *Spéciales Gillardeau*, womit wir zum Anfang unserer Geschichte zurückkehren.

Wie gesagt bin ich schon lange auf der Suche nach der perfekten Auster. Meine Suche begann an dem Tag vor ungefähr 15 Jahren, als mich der Sylter Austernzüchter Dittmeyer zu einem Ausflug auf die Austernfelder im Sylter Wattenmeer einlud. Er erklärte mir dort, wie die Trainingsarbeit bei der Sylter Auster größtenteils von Ebbe und Flut übernommen wird. Wir hatten an diesem Tag auch meinen Freund Rüdiger Mayer, den Chef des Restaurants *Austernmeyer*, bei uns. Der ist nicht nur ein großer Austernfachmann, sondern auch einer der schnellsten Austernöffner Deutschlands.

Wir hatten geplant, Austern direkt auf dem Wasser zu ernten, zu öffnen und zu probieren, frei nach dem Motto: Frischer geht's nicht. Die Austern waren wirklich sehr frisch, jedoch auch ein wenig sandig und recht salzig. Nach etwa zehn normalen Austern hielt mir Rüdiger eine Auster hin und sagte: „Die musst du probieren, die ist perfekt, wie eine leicht angekochte Miesmuschel."

Genau so war es. Sie war fest und muskulös. Nicht so weich wie die anderen. Diese jetzt noch vom Sand befreit und etwas weniger salzig, das wäre die perfekte Auster.

Es sollte noch fast fünf Jahre dauern, bis ich sie im Marennesbecken vor der Île d'Oléron gefunden hatte. Es ist die besagte *Spéciale Gillardeau* und es ist die Auster, für die meine Frau nachts aufsteht. Und wenn ich bei meinen Führungen durchs Frischlager einen der acht Nichtausternesser zum Probieren überreden kann, ist es auch die Auster, die ihn zum Austernfreund konvertieren lässt. Sie ist genauso wie beschrieben. Sie hat die Konsistenz einer leicht angekochten Miesmuschel, ist natürlich sandfrei und durch konsequentes Klären fast schon süßlich. Hinzu kommt ein leichter, frischer Gurkengeschmack, der nur dieser Auster eigen ist.

Die *Gillardeau* gehört zur Familie der pazifischen Felsenauster. Das sind die langen, tiefen Austern, die fast immer in den Kisten sind, die aus Frankreich kommen. Für den rohen Verzehr sollte man die Größe M4 wählen, da diese genau einen Happs oder einen Bissen ergeben. Für die warme Verarbeitung empfehle ich die etwas größeren M2, da durch das Erwärmen ein Teil der Flüssigkeit verloren geht. Ich selber habe mich auf dem Weg bis zur *Gillardeau* durch so ziemlich alles gegessen, das in irgendeiner Weise den Namen „Auster" im Namen trug. So auch durch die Edelsorten *Belon* und *Impe-rial*, die in ihren flachen Gehäusen lange Zeit als das Maß aller Dinge galten. Geschmacklich stehen sie ihrem Ruf jedoch weit nach. So ist es auch kein Wunder, dass in den Küchen fast aller 3-Sterne-Restau-rants die *Gillardeau* die *Belon* verdrängt hat.

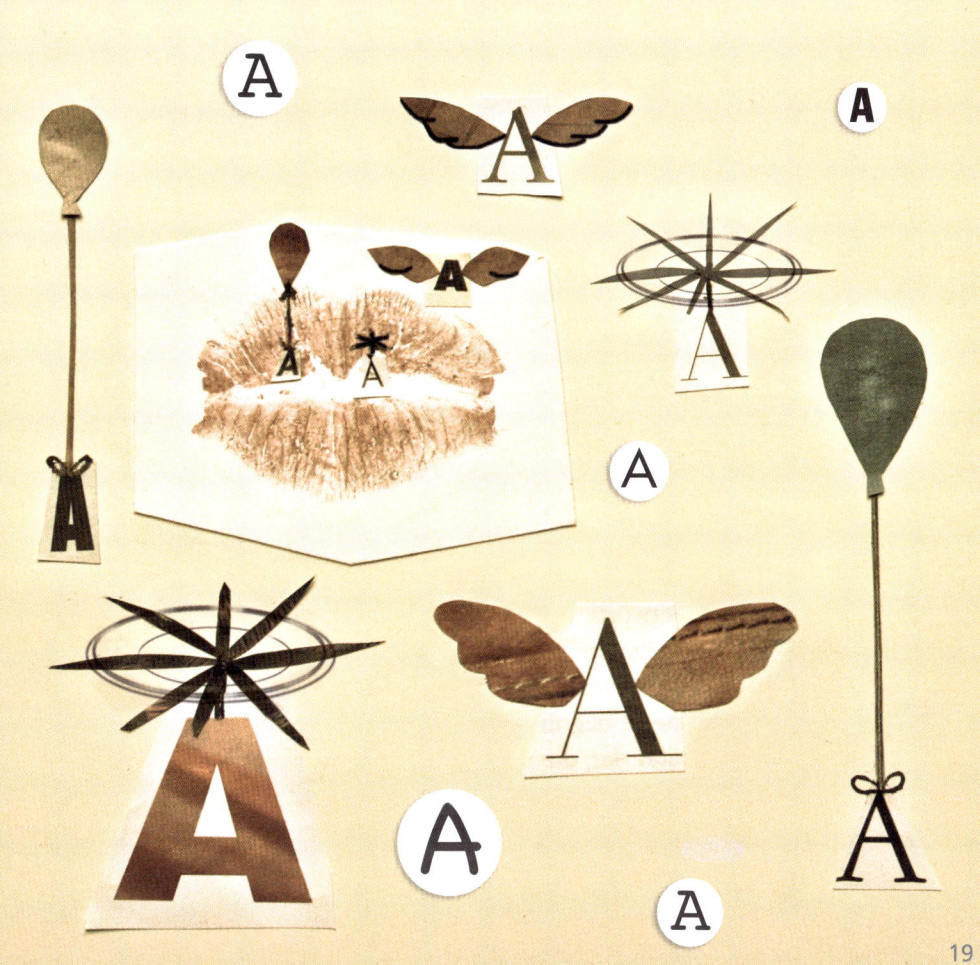

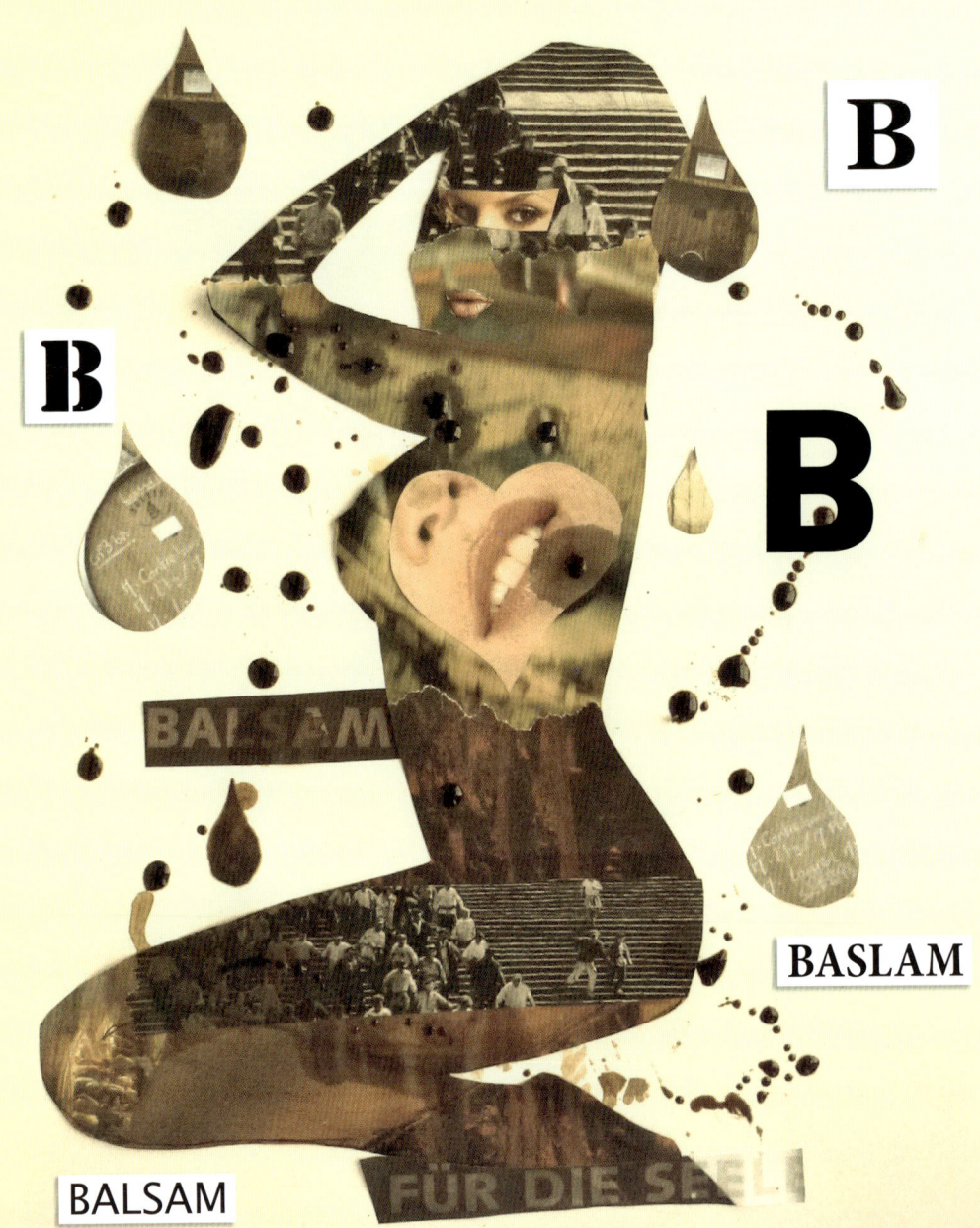

B

B

B

BALSAM

BASLAM

BALSAM

FÜR DIE SEELE

B WIE
BALSAMESSIG

Nicht viele Lebensmittel haben in den letzten Jahren einen solch kometenhaften Aufstieg verzeichnen können wie der Balsamessig. Genauer gesagt wie die italienische Variante: Aceto Balsamico. Der bekannteste Vertreter dieser Gruppe und sicher auch der, der den ganzen Rummel zu verantworten hat, ist der Aceto Balsamico di Modena. Modena gilt als Wiege des Balsamessigs. Bereits im Mittelalter haben die Familien der heutigen Essigproduzenten dort Aceto Balsamico produziert. Die Sitte, den Töchtern zur Hochzeit ein Fässchen Aceto Balsamico als Mitgift zu geben förderte seine Verbreitung. Jetzt war so ein Fässchen schnell verbraucht, sollte man denken. Weit gefehlt. In dem Fässchen befand sich auch immer eine Bakterienkultur, die Essigmutter. Diese Essigmutter ermöglicht es, aus Wein Essig zu machen.

In Modena war es schon immer üblich, diese Veränderung sehr schmackhaft vonstattengehen zu lassen. Hierzu wurde eine Batterie verschiedener Fassarten aus verschiedenen Hölzern und in verschiedenen Größen aufgebaut. Diese Fässer wurden und werden nicht luftdicht verschlossen, sondern lediglich mit einem Tuch über dem Spundloch, das mit einem Stein beschwert wird. So können zwar keine Fruchtfliegen in das Fass eindringen, aber dieser Verschluss hindert den Essig nicht daran, langsam zu verdunsten. Dieser reduzierte Essig wird nach alten Familientraditionen in komplizierten Abläufen mit reduziertem Traubenmost aufgefüllt. Dabei werden immer ältere Mischungen in immer kleinere Fässer abgefüllt. Am Ende der Fässerbatterie, die Solera heißt, kommt dann nach vielen Jahren ein kleines Fässchen mit Essig in fast sirupartiger Konsistenz und von kohlpechrabenschwarzer Farbe heraus.

Um diese dunkle Farbe zu erzielen, wird der Grundessig zu einem Teil aus Wein, zu einem anderen Teil aus eingekochtem Traubenmost hergestellt. Dieser Traubenmost hat schon bei der Herstellung eine dunkle Farbe und wird mit den Jahren immer dunkler. Eine weitere Veränderung ist die harmonische Einbindung der Süße.

Während der junge Aceto Balsamico noch quietschesauer schmeckt, wird das Spiel von Süße und Säure mit den Jahren immer harmonischer. Nach etwa zwölf bis dreizehn Jahren in der Solera schmeckt ein guter Aceto gar nicht mehr sauer – obwohl der Säuregehalt vom ersten bis zum letzten Tag bei 6 Prozent liegt, läuft der fertige Aceto Balsamico die Kehle hinunter wie süßes Öl, sofern er gut gelungen ist.

Nach zwölf bis dreizehn Jahren kommt bei den meisten Acetaie auch der Moment, in dem das letzte und kleinste Fässchen in Flaschen abgefüllt wird. Dieses letzte Fässchen hat nur noch fünf bis sechs Liter Inhalt. Wenn man jetzt den Bleistift spitzt und nur einmal grob nachrechnet, wird man zu dem Ergebnis kommen, dass diese Essenz im letzten Fass nicht nur sehr viel Arbeit, sondern auch sehr viel Material gekostet hat. Schließlich waren die Fässer zwölf Jahre lang nicht geschlossen. Da verdunsten über die Zeit Dutzende und Dutzende Liter Aceto Balsamico.

Um diese Arbeit zu würdigen und dem Endverbraucher eine gewisse Qualitätssicherheit zu geben wird das Abfüllen nicht vom Hersteller, sondern von einem vereidigten Konsortium durchgeführt. Dieses

Konsortium überprüft sehr kritisch die Weinbücher, die der Hersteller führen muss, sowie den Geschmack, den Geruch, die Farbe, den Säuregehalt, die Süße und die Konsistenz des Produkts. Sollten alle Ansprüche erfüllt worden sein, bescheinigt das Konsortium die Echtheit des Fasses und füllt den Inhalt in die Originalflaschen des Konsortiums ab. Diese werden dann mit einem nummerierten Siegel verplombt und in die Originalschachteln des Konsortiums verpackt. Nur das kleine Bauchetikett auf den Flaschen weist den Namen des Herstellerbetriebs aus. Ansonsten sehen alle vom Konsortium abgefüllten Flaschen genau gleich aus.

Die so abgefüllten Aceti Balsamici heißen „Tradizionale" und sind immer mindestens zwölf Jahre alt. Es gibt jedoch auch Aceti, die erst nach 25 Jahren in Flaschen gefüllt werden, diese tragen dann den Zusatz „extra vecchio", also besonders alt.

Die Flaschen haben immer einen Inhalt von 100 Milliliter und kosten etwa 65 Euro, wenn sie nach zwölf Jahren abgefüllt werden, und etwa 115 Euro, wenn sie älter als 25 Jahre sind. Sie sind sehr leicht zu unterscheiden: Die Flaschen mit dem zwölf Jahre alten Essig haben eine cremefarbene Kapsel, diejenigen, deren Inhalt älter als 25 Jahre ist, haben eine goldene Kapsel.

Bis hierhin ist alles eitel Sonnenschein. Etwa 100.000 Flaschen, also 10.000 Liter, werden auf diese Art und Weise jährlich produziert. Zwischen Timbuktu und Peking werden jedoch jährlich Millionen Flaschen Aceto Balsamico verkauft. Es gibt weltweit kaum ein Lebensmittelgeschäft, das keinen Aceto Balsamico führt. Wenn alle so aufwendig produziert worden wären wie anfänglich beschrieben, müsste die Stadt Modena 40 Stockwerke tief unterkellert sein.

Was ist also in den Flaschen, auf deren Etiketten „Aceto Balsamico" zu lesen ist, die aber nicht 650 oder 1150 Euro pro Liter, sondern oft nur 4,50 Euro pro Liter kosten? Es ist Essig. Essig, der mit Karamell, Zucker und Verdickungsmitteln auf Aceto Balsamico getrimmt wurde. Bei den ganz billigen Aceti wird auch noch auf das Verdickungsmittel verzichtet und diese Aceti sind dann nicht nur stocksauer, sondern auch noch flüssig wie Wasser.

Das alles hat mit dem Tradizionale gar nichts zu tun. Das Wort „Aceto Balsamico" ist nicht geschützt und sagt nichts über die Wertigkeit des Essigs aus. Einzig die Wortkombination „Aceto Balsamico Tradizionale" ist geschützt. Kommt der Aceto aus Modena, heißt er „Aceto Balsamico Tradizionale di Modena", stammt er aus einem anderen Teil der Emilia Romagna, heißt er „Aceto Balsamico Tradizionale di Reggio Emilia". Außerhalb von Modena ist die Flaschenform etwas schlanker und dort gibt es noch eine 18-jährige Variante. Die Farben, die das Alter verraten, sind Rot (12 Jahre), Silber (18 Jahre) und Gold (25 Jahre).

Ansonsten tun sich die Tradizionali nicht viel. Wer also einmal das Maß aller Dinge kennen lernen möchte, kommt um einen echten Tradizionale nicht herum. Da es sich hier jedoch um ein kulinarisch-gastronomisches Alphabet handelt, müssen wir auch über Kalkulierbarkeit sprechen. Natürlich ist ein Essig für 1150 Euro pro Liter in einem Salatdressing gastronomisch nicht mehr kalkulierbar. Ein gemischter Salat mit einem Dressing, das 35 Euro im Einkauf kostet, wird auch den verwöhntesten Gästen keine 100 Euro wert sein.

Solch ein Dressing wäre jedoch ein Kracher. Jetzt ist es aber so, dass noch lange nicht alle Aceti Balsamici, die nicht Tradizionali sind, automatisch Mist sind. Es gibt Dutzende von Acetaie, die ausgezeichnete Aceti herstellen, sich jedoch gegen das Konsortium und die irrsinnig hohen Abfüllgebühren auflehnen und selbst abfüllen. Sie zu finden ist nicht einfach, da es außer der Zunge und vielleicht der Reputation keine Anhaltspunkte zur Orientierung gibt. Der Preis kann nur als Ausschlusskriterium angewendet werden: Unter 40 Euro pro Liter kann niemand ordentlichen fassgereiften Aceto herstellen. Das heißt aber nicht, dass Aceti über 40 Euro pro Liter automatisch gut sind. Am besten kauft man sich eine Flasche Tradizionale (am allerbesten extra vecchio) und versucht einen günstigen Aceto zu finden, der diesem geschmacklich sehr nahe kommt.

In der deutschen Topgastronomie hat sich flächendeckend der FM02 der Firma *Fondo Montebello* durchgesetzt. Dieser hat nicht nur einen extrem angenehmen und ausgewogenen Geschmack und eine Wahnsinnskonsistenz, er wird außerdem noch in gastrofreundlichen Literflaschen angeboten.

Auch deutsche und österreichische Produzenten wie Robert Bauer und Alois Gölles stellen exquisite Aceti her. Aber auch bei diesen kostet ein guter Aceto sein Geld. Aceto Balsamico besticht durch seine Ausgewogenheit und durch sein perfektes Süße-Säure-Verhältnis. Das sind seine Stärken und seine Besonderheiten. Junge Aceti oder weiße Balsamessige haben das nicht, sie sind im besten Fall gute Weinessige. Aceto Cremes oder Crema di Balsamico, die zur Zeit wie Pilze aus dem Boden schießen, haben kaum Säure und sind einseitig süß. Das sind zwar sehr nette Toppings für Desserts, sie haben aber mit dem Zauber eines guten Aceto Balsamico nichts zu tun.

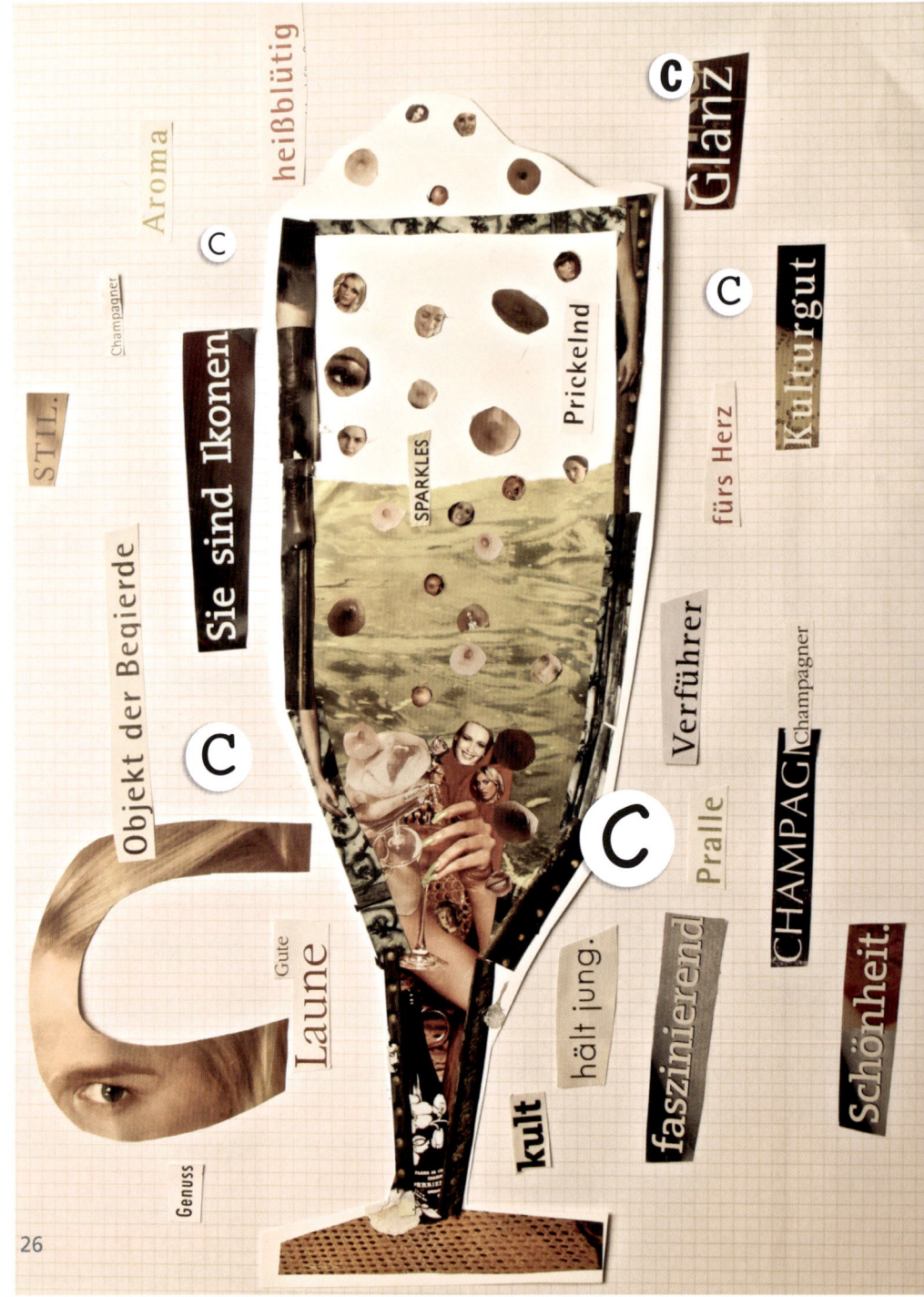

heißblütig

Aroma

Champagner

Glanz

c

Kulturgut

c

STIL.

Sie sind Ikonen

Prickelnd

SPARKLES

fürs Herz

c

Objekt der Begierde

c

Verführer

Pralle

CHAMPAGNER

Champagner

C

Gute Laune

hält jung.

faszinierend

Schönheit.

kult

Genuss

26

C WIE
CHAMPAGNER

Bei kaum einem anderen Thema kann ich mit so viel Erfahrung aufwarten wie bei Champagner. Schon in meiner Lehrzeit vor über dreißig Jahren wurde mein Interesse für diesen Stoff geweckt und dieses Interesse hat sich bis heute gesteigert, ohne je verblasst zu sein. Während der Vorteil früher in der Tatsache bestand, am nächsten Morgen keinen Kater zu haben, entstand mit der Zeit und der Entdeckung der cremigen Mousseux sowie der damit zusammenhängenden Erlebnisse eine Leidenschaft, der ich die schönsten Tage meines Lebens verdanke.

Hier ist der Punkt, an dem eine Unterscheidung angebracht ist. Wir müssen hier zwischen dem streng reglementierten Schaumwein des eng abgegrenzten Anbaugebiets Champagne, der in großen Mengen produziert wird und überall erhältlich ist, und dem unter diesen Voraussetzungen Möglichen unterscheiden.

Ersteres ist ein Beispiel für den Erfolg von lang angelegtem und streng eingehaltenem Qualitätsmarketing. Die Champagne ist mit knapp über 33.000 Hektar ein klar abgegrenztes Anbaugebiet, welches seit über achtzig Jahren nicht mehr vergrößert wurde. Auf jedem Hektar werden ca. 15 Tonnen Trauben an etwa 7000 Rebstöcken geerntet. Mehr ist nicht erlaubt. Erlaubt sind hauptsächlich auch nur drei Traubensorten:

1. Pinot noir (Spätburgunder)
2. Pinot Meunier (Schwarzriesling)
3. Chardonnay

Die beiden ersten Trauben sind Rotweintrauben und teilen sich etwa 74 Prozent der Anbaufläche zu gleichen Teilen. Die restlichen 26 Prozent sind mit Chardonnay bepflanzt. Das macht zusammen 100 Prozent. Es gibt noch zwei weitere Traubensorten, die in der Champagne erlaubt sind, sie heißen Arbane und Petit Meslier. Da sie jedoch nicht angebaut werden, brauchen wir ihnen keine Beachtung zu schenken. Bei den drei anderen Traubensorten gehen die Meinungen stark auseinander. Die offizielle Aussage der großen Champagnerhäuser ist, der Pinot noir sei für den Körper und die Fülle, der Chardonnay für die Finesse und der Pinot Meunier für die Fruchtigkeit des Champagners zuständig.

Für die Weinbauern und die Winzer der Champagne stellt es sich etwas anders dar. Chardonnay und Pinot noir sind edle und empfindliche Trauben, deren Qualität und Erntemenge sich jedes Jahr dem Wetter entsprechend verändert. Pinot Meunier hingegen ist eine robuste Massentraube, die auch in schwierigen Jahren für ordentliche Erträge sorgt. Somit ist die Pinot Meunier-Traube eine Versicherung für alle vom Weinbau abhängigen Betriebe gegen zu große Ernteausfälle. Nur ganz wenige privilegierte Winzer können es sich leisten, eine Mischung allein aus den edlen Sorten Chardonnay und Pinot noir oder diese beiden Trauben sortenrein auszubauen. Das Resultat wäre ein besserer Champagner in den guten Jahren und ein schlechterer Champagner in den schlechten Jahren. Durch den Verschnitt aller drei Traubensorten und den Zugriff auf Restweine älterer Jahrgänge gelingt es zumindest den großen Champagnerhäusern, eine gleichbleibende Qualität Jahr für Jahr herzustellen.

Wenn Sie jetzt einmal nachrechnen und die 33.000 Hektar mit den 15 Tonnen Trauben multiplizieren, haben Sie auch etwa die Menge an Traubensaft, die rein theoretisch zu erwirtschaften wäre, da die Trauben ja zu über 95 Prozent aus Wasser bestehen. Wenn man diese Menge auf die 0,75-Liter-Champagnerflasche umrechnete, käme die gewaltige Summe von über 650 Millionen Flaschen pro Jahr dabei heraus. Es werden jedoch nur 350 bis 400 Millionen Flasche pro Jahr produziert. Was geschieht also mit dem Rest?

In der Champagne ist nicht nur der Anbau und die Traubensorte streng reglementiert, sondern auch die Produktion. So dürfen aus 160 Kilogramm Trauben nur 102 Liter Most gepresst werden, davon werden die ersten 82 Liter, die noch mit sehr wenig Druck gepresst werden, in die sogenannte Cuvée gegeben. Die restlichen 20 Liter sind minderwertiger und erklären, wieso es beim Discounter manchmal sehr günstigen Champagner zu kaufen gibt. Hochwertige Cuvées bestehen also aus Most, der nur etwa aus der Hälfte des theoretisch möglichen Traubenmostes besteht. Aus diesen 160 Kilo Trauben werden also im Schnitt nur 100 Flaschen vom hochwertigen plus 30 Flaschen von eher preiswertem Champagner produziert.

Egal jedoch, ob es sich um die einen oder die anderen Champagner handelt, es ist immer dasselbe Traubengut, außer, es handelt sich um Traubengut aus einer Grand-Cru- oder Premier-Cru-Lage. Die Grand-Cru-Lagen sind die besten Lagen und nur 5 Prozent des Anbaugebietes der Champagne sind Grand-Cru-Lagen.

Die Grand-Cru-Lagen bestimmen auch den Preis der Trauben in der Champagne. Ein Kilo Grand-Cru-Champagnertrauben kostet zur Zeit etwa 6,50 Euro. Der Preis für andere Trauben beträgt etwa 70 bis

80 Prozent dessen. Wenn wir jetzt die Hälfte davon abziehen, die nicht in die Produktion gelangt, so sind wir bei einem Grundweinpreis von 10 Euro für hochwertigen Champagner, 13 Euro für Grand-Cru- und 7 Euro für minderwertigen (Discounter-)Champagner.

Um aus dem Grundwein einen Champagner zu produzieren, braucht es jedoch viel Zeit und viel Handarbeit. Nachdem der Traubenmost zum Grundwein vergoren ist, folgt der bereits angesprochene Verschnitt der Traubensorten und Jahrgänge. Oft werden Dutzende von Weinen verschnitten bis die fertige Assemblage, wie der Franzose zu so einer Zusammenstellung sagt, in die Flaschen abgefüllt wird. Hier beginnt die eigentliche und außergewöhnliche Arbeit der Kellermeister der Champagne. Die feine Kohlensäure, die den Champagner auszeichnet, wird durch eine mindestens 15-monatige Flaschengärung erreicht. Bei sehr hochwertigem Champagner kann diese zweite und ungleich aufwendigere Gärung bis zu zehn Jahre dauern. In dieser Zeit wird die Flasche zuerst waagerecht, später mit dem Kopf nach unten in Rüttelpulten gelagert und täglich etwa eine Zehntelumdrehung gedreht. Kleinere Produzenten rütteln per Hand und ein erfahrener Rüttler schafft etwa 50.000 Flaschen am Tag. Die großen Champagnerhäuser lassen sich für diese Arbeit Rüttelroboter bauen und man sagt, diese täten der Qualität keinen Abbruch. Insgesamt liegen in den Weinkellern der Champagne zwischen 1,2 und 1,5 Milliarden Flaschen Champagner, von denen ein großer Teil täglich gerüttelt werden muss.

Aber irgendwann ist die Zeit des Rüttelns vorbei und die im Wein befindliche Hefe hat sich komplett im Flaschenhals abgelagert. Deswegen heißt es auch, der Champagner liege in dieser Zeit „auf der

Hefe". Dieser Zeitraum dauert in der Champagne mindestens 15 Monate und ist maßgeblich für die Feinperligkeit (Mousseux) des Champagners verantwortlich. Bis dahin war die Champagnerflasche mit einem Kronkorken verschlossen. Um die Hefe aus dem Flaschenhals zu entfernen, wird der Flaschenhals eingefroren und der gefrorene Hefeklumpen wird entfernt. Diese Tätigkeit heißt Degorgieren, zu Deutsch: Abschlämmen.

Wenn das geschehen ist, wird der Charakter des Champagners bestimmt, indem ihm mit dem Zusatz einer Süßreserve des Grundweins oder einer Zuckerlösung der gewünschte Süßegrad verliehen wird. Die meisten Champagner erhalten bis zu 15 Gramm Restzucker und entsprechen somit den Anforderungen um sich „Brut" zu nennen. Auf weniger als 6 Gramm Restzucker reduziert heißen sie „Extra Brut", bei weniger als 3 Gramm „Ultra Brut". Das Zusetzen von Zucker heißt Dosage und geht natürlich auch in die andere Richtung: bis 20 Gramm Restzucker heißen sie „Extra Sec", bis 35 Gramm „Sec", bis 50 Gramm „Demi Sec" und über 50 Gramm Restzucker pro Liter „Douce".

Nach der Dosage wird der Champagner verkorkt und in den Handel gegeben. Obwohl Champagner weltweit ein Synonym für Luxus und Feierlichkeit ist, werden stolze 55 Prozent der Gesamtproduktion, das entspricht etwa 180 Millionen Flaschen pro Jahr, im Mutterland Frankreich getrunken. In Deutschland werden nur lächerliche 12 Millionen Flaschen jährlich konsumiert, dennoch sind wir, hinter England und den USA, der drittgrößte Kunde der Champagne. Die hohe Akzeptanz im eigenen Land spricht für die kompromisslose Qualität des Produkts.

Weltruf hat der Champagner jedoch mit etwas ganz anderem erlangt. Und damit kommen wir zur zweiten Gruppe der Champagner: Das ist die, die darstellt, was in der Schaumweinherstellung möglich ist. Wenn wir die Möglichkeiten des Anbaus, des Ausbaus und des Wetters optimieren und in allen Bereichen auf die Spitze treiben würden, kämen beim Anbau natürlich nur ausgesuchte Trauben aus den besten Grand-Cru-Lagen in Frage. Beim Ausbau würde man den ersten ohne Druck gepressten Traubensaft nach seiner Vinifizierung über zehn oder gar zwölf Jahre auf der Hefe lassen, um eine besondere Feinperligkeit zu erreichen. Und natürlich würde man nur die Trauben der besten Jahrgänge in den Natursteinkellern der besten Kellereien lagern.

Diese Champagner nennt man „Prestige Champagner" und sie tragen wohlklingende Namen wie *La Grande Dame*, *Roederer Cristal*, *Belle Époque* oder *Dom Pérignon*. Fast jedes Champagnerhaus hat eine Prestige Cuvée und viele werden in solch kleinen Mengen hergestellt, dass sie Ihnen vermutlich nie begegnen werden. Die Qualität unbekannter Prestiges Cuvées liegt manchmal noch turmhoch über der Qualität bekannter Marken.

Viele Weinkenner sind, wie ich, auf der ständigen Suche nach der cremigen Mousseux, die das Resultat langer Lagerung auf der Hefe in Verbindung mit einer charmanten Mineralität ist, die auf bestes Terrain und trotz der vielen Jahre auf eine erfrischende Fruchtigkeit schließen lässt. Finden Sie ihn und schaffen es, diesen seltenen Glücksmoment mit einem der großen Momente des Lebens zu verknüpfen, dann sind unvergessliche Erinnerungen gewährleistet. Das klappt nicht mit einem Prosecco.

Gerne beende ich diese Ode an den Champagner mit einer persönlichen Kaufempfehlung:

Stehen die Worte „Grand Cru" auf dem Etikett einer Champagnerflasche und ist das Champagnerhaus schon älter als 100 Jahre, kann man beim Einkauf keinen Fehler machen. Ich empfehle die Champagner des Hauses *Herbert Beaufort*, bei denen ich von den kleinen wie auch von den Prestiges Champagnern noch nie enttäuscht wurde und trotzdem immer das Gefühl hatte: Das war günstig.

Unter dem Buchstaben „R" werden Sie nochmals über Champagner lesen können. Nämlich über einen ganz speziellen Freund von mir: den Rosé Champagner.

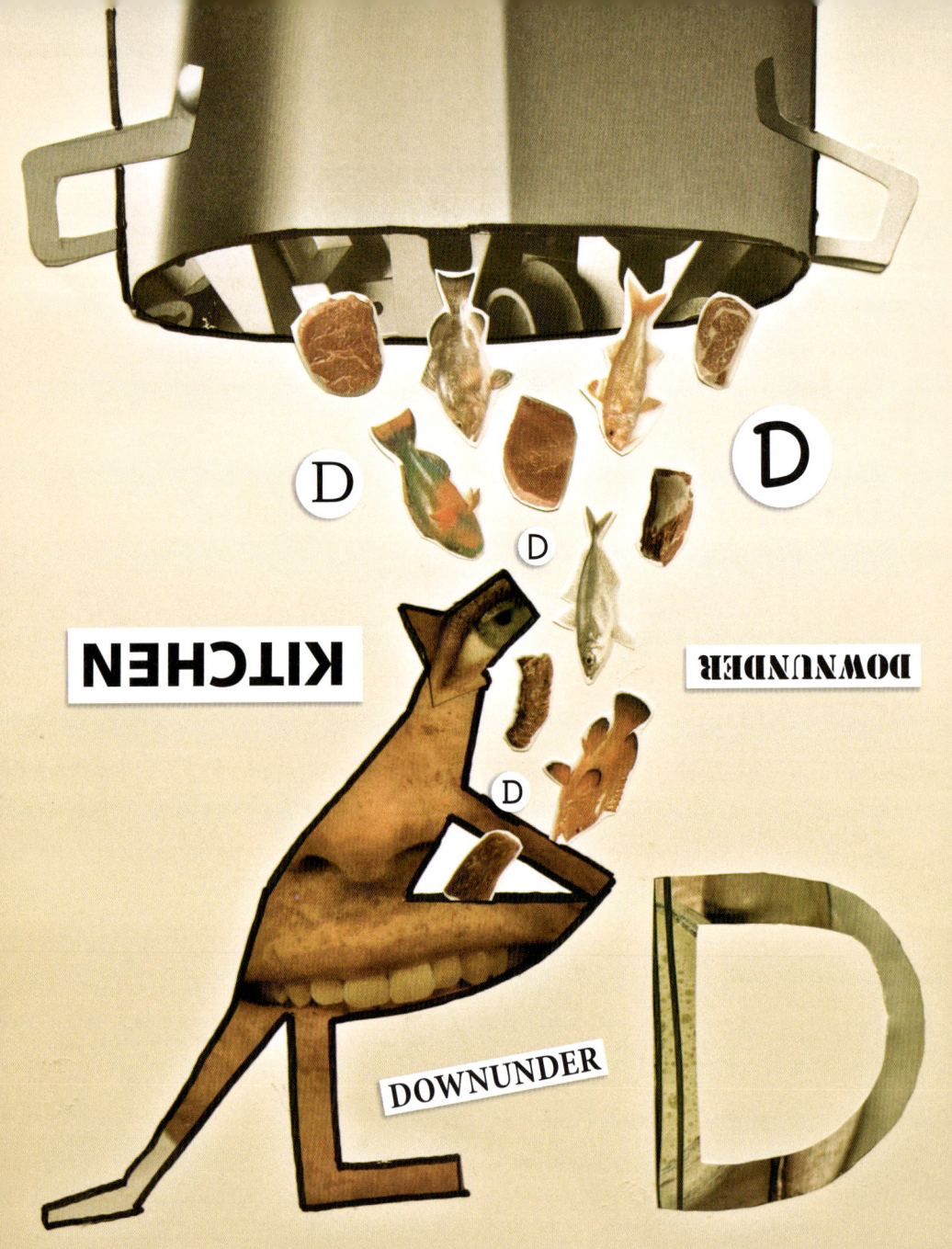

34

D WIE
DOWNUNDER KITCHEN

Die gehobene Gastronomie entwickelt sich immer weiter. Die Gerichte werden immer raffinierter, die Garmethoden immer diffiziler, die Gewürze immer exotischer. Warum das so ist, liegt an zwei Faktoren.

Faktor 1 sind die Gäste (besonders die Stammgäste), die nicht jahrein, jahraus dasselbe essen wollen.

Faktor 2 sind die Kritiker, die den Köchen mangelnde Kreativität vorwerfen, wenn sich auf der Speisenkarte und auf dem Teller keine Weiterentwicklung erkennen lässt.

Trends wie die euroasiatische Küche oder die Molekularküche sind da sehr willkommen. Sie bringen frischen Wind in die Küche. Neue Aromen und neue Techniken werden gerne übernommen und wenn ein Trend abflaut, schaut man schon, ob nicht wieder etwas Neues am Horizont zu erblicken ist. Viele dieser Trends haben den Vorteil bereits ausgereift zu sein, wenn sie bei uns ankommen. Es existieren ausreichend Rezepte und Anwendungsbeispiele, die sich mehr oder weniger einfach auf die eigenen Gegebenheiten ableiten lassen können. Schwieriger ist es mit Sachen, die eigene Kreativität erfordern. Ein Beispiel dafür sind die Ingredienzen der australischen Küche, der Downunder Kitchen.

Hierzu muss man wissen, dass der Kontinent Australien erst vor wenigen hundert Jahren von Europäern besiedelt wurde, davor lebten in Australien ausschließlich Aborigines. Und zwar nur ca. 300.000 auf einer Fläche von 7,7 Millionen Quadratkilometern. Zum Vergleich: In Indien kommen auf 3,2 Millionen Quadratkilometer 1,21 Milliarden Einwohner. In Australien bestand aufgrund des unglaublichen Angebots, das die Natur feil hielt, und des stets warmen Wetters keine Notwendigkeit zu Ackerbau und Viehzucht. Alles Lebensnotwendige schenkte einem die Natur. In über 50.000 Jahren lernten die Aborigines, welche Tiere und Pflanzen besonders schmackhaft und welche gut für das Wohlbefinden sind.

Als um 1770 die Kolonisation Australiens begann, wurden auch Tiere aus Europa in Australien eingeführt. Diese gediehen dort prächtig, genau wie die Kolonisten: In nur 240 Jahren wuchs die Bevölkerung auf 21,5 Millionen an. Die Einwanderer verhielten sich nicht anders als zu Hause und ernährten sich von Ackerbau und Viehzucht. Zu guter Letzt war Australien das Land der Beefeater – nirgendwo sonst wird so viel Fleisch gegessen wie in Australien.

80 Prozent der in Australien beheimateten Pflanzen und viele der dort heimischen Tiere kommen nur in Australien und nirgendwo anders auf der Welt vor. Genau so einzigartig wie der Koalabär, das Känguru oder das Schnabeltier sind auch die Pflanzen des Inselkontinents.

In jüngster Vergangenheit sind die australischen Spitzenköche dahinter gekommen, dass die Ureinwohner immer noch die alten Tugenden ihrer Vorfahren pflegen und einen Großteil ihrer Nahrung immer noch in den Ur- und Regenwäldern und den Steppen des Landes sammeln. Es handelt sich dabei vielfach um Pflanzen und Pflanzenteile, die aufgrund ihrer Exklusivität in keiner der bekannten

Küchen der Welt im Einsatz sind. Ambitionierte Köche wie Vic Cherikoff, eine Art australischer Jamie Oliver, fingen an, die normale austro-europäische Küche mit Gewürzen, Pflanzen und Techniken der Aboriginesküche zu bereichern und nannten diesen Kochstil „Bush Food".

Was ist so besonders an der Downunder Kitchen? Da es sich größtenteils um wildwachsende Pflanzen- und Pflanzenteile handelt, die den Kontinent Australien noch nie verlassen haben, hat ein Europäer diese Sachen noch nie geschmeckt. Fast alle Geschmacksnuancen sind neu und völlig unbekannt. Das erlaubt einen ganzen Schub von Innovationen in der Küche. Zudem hatten die Aborigines über 50.000 Jahre Zeit, die Spreu vom Weizen zu trennen, weshalb es sich bei den Ingredienzen ausschließlich um sehr wohlschmeckende Pflanzen, Gewürze und Kräuter handelt.

Hin und wieder ist in der Vergangenheit mal der eine oder andere Bestandteil der Downunder Kitchen in Europa aufgeblitzt und war dann auch gleich sehr erfolgreich. Ich denke da an die Blüte des wilden Hibiskus, die landauf, landab in den Sektgläsern der Topgastronomie ihr Zuhause fand, oder an den unglaublichen Tasmanischen Pfeffer, der seinen Weg über BOS FOOD zu Ingo Holland und zuletzt sogar über WIBERG in die Küchen der Topgastronomie fand. Dieser Pfeffer ist so gut und so gefragt, dass er bereits jetzt bei den Produzenten für viele Monate im Voraus ausverkauft ist. Wohl dem, der welchen hat.

Die Aromen Australiens sind jedoch vielseitig und für fast alle Speisen gibt es ein Aussi-Tuning. Für Tomatensaucen oder -chutneys ist die wild wachsende Akudjura eine echte Bereicherung. Diese unter dem Namen Buschtomate (bush tomato) gehandelte Frucht ist auch bei uns schon vereinzelt im Handel in fertigen Produkten zu finden. Für Dressings, Mousses oder Eiscremes eignet sich der geröstete australische Akaziensamen (wattleseed), der in Australien auch schon einmal aufgebrüht in den Cafés als Wattlecino angeboten wird.

Ein besonders köstliches Aroma verleiht die Zitronenmyrthe (lemon myrtle) nicht nur Desserts und Süßgebäck sowie Geflügel, Fisch und Meeresfrüchten, sondern auch Mayonnaisen, Marinaden und Dressings profitieren unglaublich von diesem herrlich erfrischenden Gewürzkraut.

Viele der in Australien wachsenden Früchte wie die Riberryfruits, die Illawarra Plums oder die Quandongs (wilde Pfirsiche) harmonieren exzellent mit Wild- und Currygerichten. Die ebenfalls wild wachsenden Desert Limes können mit Schale gegessen werden und ergänzen Fischgerichte und Desserts genauso wie exotische Cocktails.

Etwas diffiziler sind die Finger Limes, deren Fruchtfleisch man mit einem Löffel herauskratzt und die als Topping zu frischen Austern oder in Salatdressings gegeben werden können.

Zu Fleisch, Fisch und Gegrilltem gibt es eine Menge hervorragender Gewürzmischungen, die so außergewöhnliche Namen wie Rainforest Rub, Wildfire Spice oder Red Desert Dust tragen.

Auch bei den Kochtechniken gibt es einige Neuerungen. Fleisch und Fisch werden vor dem Backen in eine dünne Baumrinde (Paperbark Roll) eingewickelt und darin gegart. Absolut sensationell. Wenn empfindliche Produkte wie z. B. Meeresfrüchte gegrillt werden sollen, werden diese auf ein in Wasser getränktes Holzbrett (Hotboard) gelegt und darauf auch gegart und serviert.

Natürlich sind die von mir angegebenen Beispiele nur ein ganz kleiner Auszug aus dem umfangreichen Programm australischer Ingredienzen und die Anwendungen sind nur ein kleiner Teil des
Möglichen. Wenn Sie neugierig auf mehr geworden sind, schauen
Sie doch unter www.bosfood.de bei der Produktgruppe „Asia &
Ethno Food" einmal die Untergruppe „Downunder Food" an. Dort
finden Sie schon fast 100 verschiedene Produkte, die Ihre Kreativität
beflügeln sollten.

Luxus-Elixier

EDELBRAND

E WIE
EDELBRÄNDE

Drei Tatsachen machen das Thema Edelbrände für mich nicht nur überaus spannend, sondern auch extrem wichtig.

Tatsache Nummer 1 ist, dass ich nach einem guten Essen ein echtes Bedürfnis habe das Menü mit einem guten Brand zu beenden. Bin ich der Gastgeber, ist das kein Problem. Ich lasse mir die Karte bringen und suche mir den Brand aus, auf den ich gerade Lust habe und der in meinen Augen vernünftig kalkuliert ist. Anders ist es als Gast eines Gastgebers, der nicht die allergrößte Ahnung von Bränden hat. Wenn dann auch noch ein Digestifwagen an den Tisch geschoben wird, bestelle ich mit Sicherheit keinen Brand, da ich meinen Gastgeber auf keinen Fall in Verlegenheit bringen möchte.

Hiermit kommen wir zu Tatsache Nummer 2: Mein Gastgeber kennt, wie die meisten anderen Menschen auf der Welt, nicht den Unterschied zwischen einem Brand und einem Geist. Wenn ihm also der Sommelier einen Himbeerbrand anbietet, dann hat er so etwas wie die Flasche Himbeergeist für 12,90 Euro aus dem Supermarkt im Kopf und rechnet mit 3 oder 5 Euro pro Glas auf der Rechnung. Dort werden aber 15 oder 18 Euro pro Glas aufgerufen. Der Himbeerbrand kostet nämlich den Gastronomen schon mal 100 bis 150 Euro die Flasche.

Da stellt sich natürlich jetzt die Frage: Was ist denn der Unterschied zwischen einem Geist und einem Brand? Geiste werden meist aus zuckerarmen Früchten hergestellt. Die Himbeere hat nur 5 Gramm

Zucker pro Kilo und gehört dazu. Um einen Geist herzustellen werden frische, unvergorene Himbeeren mit Primasprit, also neutralem Alkohol, übergossen, dann zusammen destilliert und mit Wasser auf Trinkstärke herunter verdünnt. Auf diese Art und Weise parfümiert man fremden Alkohol mit dem Aroma der Himbeeren.

Im Gegensatz zum Himbeergeist wird ein Himbeerbrand ausschließlich durch alkoholische Gärung und Destillation von Himbeeren gewonnen. Der gesamte Alkohol muss aus der Vergärung der Frucht stammen.

Der Unterschied ist: Um einen Liter Himbeergeist herzustellen, werden 0,4 Liter Primasprit und ein bis zwei Kilo Himbeeren (je nach Sorte und Intensität) benötigt. Um einen Liter Himbeerbrand herzustellen, braucht es ca. 75 Kilo Himbeeren und jede Menge mehr an Arbeitsschritten.

Himbeeren eignen sich gut, um den Unterschied zwischen Geist und Brand zu erklären, zur Herstellung von Brand eignen sie sich nicht besonders gut. Das liegt zum einen daran, dass Himbeeren sehr teuer sind, besonders die aromatischen Waldhimbeeren. Zum anderen liegt es daran, dass sich frische Himbeeren sehr schlecht transportieren lassen. Wer schon mal Himbeeren gepflückt hat, weiß, wie das Zeug nach dem Transport zu Hause aussieht, das unten im Korb oder Eimer liegt. Bei 75 Kilo pro Liter brächte das logistische Schwierigkeiten mit sich.

Viel geeigneter zur Herstellung von Bränden sind Äpfel, Birnen, Quitten, Pflaumen oder Wildfrüchte, die sich leicht transportieren und selektieren lassen. Hier trennt sich nämlich tatsächlich die Spreu vom Weizen: in der Selektion. Ich kenne die drei besten lebenden

Obstbrenner persönlich und hatte schon oft und ausgiebig die Möglichkeit, mich mit ihnen zu unterhalten und auszutauschen.

Es sind Alois Gölles und Hans Reisetbauer aus Österreich und Alain Langlois und sein Brennmeister Jürgen Marré von der Brennerei Ziegler in Freudenberg. Ich maße mir sogar an zu behaupten, mit ihnen befreundet zu sein. Die Quintessenz aus den wirklich eher freundschaftlichen und weniger geschäftlichen Gesprächen mit allen dreien ist, dass sie wahnsinnige Produktfanatiker sind, die nicht nur das beste und hochwertigste Obst für ihre Brennereien kaufen, sondern dieses auch noch zigmal durchselektieren, bevor sie es verarbeiten. Vollkommen kompromisslos.

Umso mehr man sich mit diesen Irren beschäftigt, desto mehr fängt man an, ihre Produkte zu lieben und zu schätzen. Im gleichen Maße fängt man jedoch an, die Brenner zu verachten, die sich billiges, zum Verzehr nicht mehr geeignetes Obst besorgen, um daraus Schnäpse zu brennen. Denn die gibt es leider auch.

Wo wir gerade bei den schwarzen Schafen sind, können wir auch gleich zur dritten der erwähnten Tatsachen kommen: Die Brände in der Gastronomie. Ein Thema, bei dem mir regelmäßig der Kamm schwillt. Es handelt sich da vorwiegend um eine Mischung aus einem nicht preistransparenten Digestifwagen und einer völlig idiotischen Kalkulation.

Hierzu möchte ich betonen, eine Flasche Brand kostet nur im seltensten Fall 100 Euro pro 0,7 Liter oder noch mehr. Hervorragende Obstbrände aus Apfel, Zwetschke, Birne, Kirsch oder Marille der allerbesten Brenner kosten zwischen 25 und 45 Euro pro 0,7 Liter. Wer denkt, dem Gast würde ein Gefallen getan, dem nach dem

Menü der Schnaps großzügig eingeschenkt wird, begeht einen Denkfehler. Nach dem Menü braucht es das starke Aroma eines Brandes, nicht den Abschuss durch diesen!

2 Zentiliter sind auf jeden Fall genug als Digestif. In 0,7 Liter Brand sind also 35 Digestifs enthalten. Das macht bei einem normalen Edelbrand einen Einstandspreis von einem Euro pro Digestif. Wenn ich jetzt für so einen Absch(l)uss 8 oder 10 Euro bezahlen soll, ärgere ich mich schwarz.

Und das geht nicht nur mir so. Bei der Veröffentlichung des neuen Marcellino's Restaurantführers in Köln wurde eine große Gästeumfrage zum Thema „Was wünschen sich Gäste von ihren Gastronomen?" verlesen. Ein großer Wunsch war die Preistransparenz: Gäste wünschen auf der Rechnung keine Überraschung. Und der Digestifwagen ist ein endloser Quell der Überraschungen. Denn natürlich gibt es auch Brände für 150, 250 und sogar 450 Euro pro 0,7 Liter, doch woher soll so ein armer Gast wissen, was eine Elsbeere ist, aus der der teuerste aller Bände hergestellt wird? Jetzt noch ein bisschen idiotisch kalkuliert und schon ist man bei 70 Euro pro 2 Zentiliter für den Gast.

Wenn so etwas unvorbereitet auf der Rechnung steht – Prost Mahlzeit. Dieser Gast hat das tolle Menü in dem Moment vergessen, in dem er die Rechnung prüft und auch alle Berichte über das Restaurant werden sich um die Anekdote mit dem Schnaps für 70 Euro und nicht um die fabelhafte Küchenleistung drehen.

Also entweder eine Digestifkarte mit vernünftig kalkulierten Preisen oder handgeschriebene Aufkleber mit natürlich ebenfalls vernünftig kalkulierten Preisen auf den Flaschen des Digestifwagens. Dann gibt es keine Missverständnisse und plötzlich fängt der Digestif wieder an zu laufen und verstaubt nicht auf dem Buffet. Voraussetzung ist natürlich, dass es gute Brände in einer Mischung aus guten, preiswerten Standards und einigen kostspieligen Exoten sind. So können Sie den Sparfuchs und den Connaisseur gleichermaßen glücklich machen.

Ein besonders erfreuliches Erlebnis hatte ich in einem kleinen Restaurant bei Hamburg. Nach dem Essen fragte die Servicekraft nach Kaffee- oder Espressowünschen. Nachdem sie die Bestellung aufgenommen hatte, stellte sie drei verschiedene Flaschen Obstbrand auf unseren Tisch und verschwand, um unsere Kaffeebestellung zuzubereiten. Auf jede Flasche war ein sehr fair kalkulierter Preis geschrieben. Als sie mit dem Kaffee wiederkam fragte sie, welchen Digestif wir zum Kaffee wünschten und jeder von uns bestellte einen. Später haben wir uns darüber unterhalten und kamen zu dem Schluss, dass vermutlich keiner von uns an dem Tag einen Digestif bestellt hätte, hätten wir nicht die zwei Minuten Bedenkzeit, verbunden mit der Preistransparenz, bekommen.

FETTE GANS FETTE LEBER FETTE LEBER
FETTE GANS
FETTE LEBER FETTE GANS FETTE GANS
FETTE LEBER
FETTE GANS FETTE LEBER
FETTE GANS
FETTE LEBER FETTE LEBER FETTE GANS FETTE LEBER
FETTE GANS
FETTE GANS FETTE LEBER FETTE LEBER
FETTE GANS
FETTE LEBER FETTE GANS
FETTE GANS
FETTE LEBER FETTE GANS LEBER
FETTE GANS
FETTE LEBER FETTE GANS
FETTE LEBER
FETTE GANS
FETTE LEBER FETTE LEBER FETTE GANS
FETTE LEBER
FETTE GANS
FETTE LEBER
FETTE GANS FETTE LEBER
FETTE GANS
FETTE LEBER FETTE LEBER FETTE GANS FETTE LEBER
FETTE GANS
FETTE LEBER FETTE LEBER FETTE LEBER

46

F WIE
FOIE GRAS

Gänseleber, ein Fest für den Gaumen! Die Toulouser Graugans verbringt seit ewigen Zeiten die kalten Winter in Afrika und die warmen Sommer in Europa. Die Energie für diese langen Flüge speichert die Gans in ihrer Leber. Schon vor vielen hundert Jahren stellten Menschen fest, dass die Leber der Toulouser Graugans in den Tagen vor dem Start nach Afrika zwei- bis dreimal so groß ist wie im Hochsommer. Schon damals wurde bei den Gänsen, die sich vorwiegend von stärkehaltiger Nahrung wie z. B. Mais und Weizen ernährten, besonders große und schmackhafte Lebern beobachtet, während die eher von Früchten lebenden Gänse kleinere und weniger schmackhafte Lebern hatten.

Bei der Domestizierung dieser Tiere wurde deshalb auf eine großzügige und stärkereiche Ernährung geachtet. Die Tiere sind aber instinktiv nur im Herbst besonders hungrig, den Rest des Jahres musste man auf große Lebern verzichten. So dauerte es nicht lange, bis findige Landwirte und Viehzüchter begannen, die Natur auszutricksen und der Gans das benötigte Futter auch während des restlichen Jahres zu verabreichen.

Sollten Sie Veganer sein und das Tragen von Lederschuhen und -wäsche anprangern, werden Sie die Art und Weise, wie diese Bauern das taten, zu Recht für unangebracht halten. Sollten Sie aber Fleischesser und Lederbekleidungsträger sein, brauchen Sie sich darüber keine Gedanken zu machen. Sicher ist die Mast von Schwimmvögeln eine Arbeit, bei der viele Fehler gemacht werden. Da aber jeder Fehler zuallererst die Qualität der Leber beeinträchtigt, ist davon auszugehen, dass Gänsemäster alle denkbaren Fehler tunlichst vermeiden. Nicht zuletzt deshalb hat die Tierschutz Experten-Kommission des Europarats bereits 1973 manifestiert, die Haltung und die Mast von Schwimmvögeln sei jeder anderen, und damit ist auch die Haltung von Hühnern, Lämmern, Schweinen und Rindern gemeint, als die humanste von allen vorzuziehen.

Falls also eines der anderen Tiere auf Ihrem Speiseplan steht, brauchen Sie sich um Gänseleber und Gänseleberprodukte keine Gedanken zu machen. Vielmehr lebt eine Mastgans, im Gegensatz zu allen anderen zu Nahrungszwecken gehaltenen Tieren, ihr Leben lang unter paradiesischen Umständen auf weitläufigen Farmen ohne enge Ställe und ohne Käfighaltung. Nur die letzen 21 Tage vor der Schlachtung werden Mastgänse gestopft. Und das Thema „Stopfung" wird viel heißer gekocht, als in Wirklichkeit gegessen wird.

Die Toulouser Graugans verfügt von Natur aus über einen Futtersack zwischen Hals und Magen, der sich recht problemlos füllen lässt. Dieser Vorgang dauert ca. zehn Sekunden und wird dreimal am Tag wiederholt. Wer das einmal in seinem Leben mit eigenen Augen gesehen hat merkt schnell, wie wenig es dem Tier ausmacht.

Und so ist das Produkt, nämlich die Gänseleber, das ganze Jahr über in der großen und schmackhaften Version verfügbar. Köche und Feinschmecker der ganzen Welt lecken sich die Finger danach. Kein Haubenkoch kann auf diese Delikatesse verzichten und kein Feinschmecker hat nicht schon einmal eine denkwürdige Begegnung mit diesem Kleinod der ganz großen Küche gehabt.

Schon die einfachste Art und Weise der Zubereitung, das Braten von Scheiben dieser Leber, lässt den geneigten Gourmet in Verzückung geraten. Richtig große Küche ist jedoch ein frisch zubereiteter Block aus der Leber. Hierfür wird die Leber in filigraner Feinarbeit in würfelzuckergroße Stücke zerbrochen und Würfel für Würfel mit einem spitzen Messer komplett von Adern und Nerven befreit. Die entnervten Leberwürfel werden dann in einer schmackhaften und dem Gusto des Kochs entsprechenden Marinade aus Süßwein und Gewürzen eingelegt und nach 24 Stunden in einer Form und in der sanften Wärme eines Wasserbades unter Druck zu einem Block gepresst. Dieser „Bloc de Foie Gras entier", wie der Franzose ihn nennt, ist nicht nur eine geschmackliche Sensation, auch haptisch gibt es kein vergleichbar attraktives Produkt. Es erinnert in der Konsistenz an ein festes Softeis, das an einem warmen Sommertag auf der Zunge schmilzt, ohne die Süße und die Kälte des Eises. Das ist vielleicht auch der Grund, warum in Ländern mit einer langen Gänseleber-Tradition wie Frankreich und Ungarn keine großen Familienfeste und keine Staatsempfänge ohne diese Krönung der Haute Cuisine gefeiert werden.

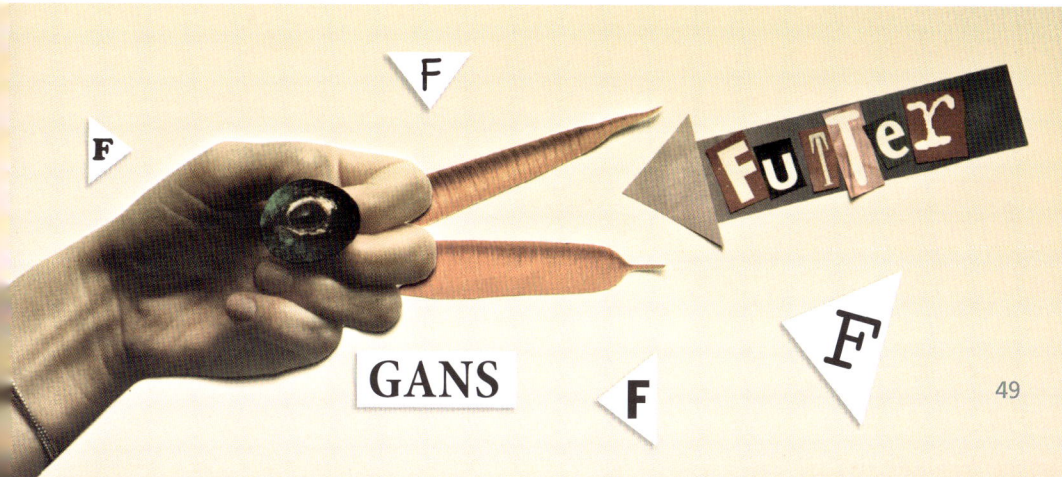

G WIE
GEWÜRZMISCHUNGEN

Vor etwa 20 Jahren war ich im Kundenauftrag auf der Suche nach einer Gewürzmischung zur Herstellung von Gänsestopfleberparfait. Es handelte sich um Quatre-Épices. Ein Wort, das ich bis dahin nie gehört hatte. Ich hatte allerdings von einem begabten Koch in Klingenberg gehört, der sich verdammt gut mit Gewürzen und Gewürzmischungen auskennen würde. Es handelte sich dabei um Ingo Holland und er war derzeit der Patron des *Winzerstübchens*.

Ich rief Ingo an und wir beide sprachen dieselbe Sprache. Er kannte sich wirklich gut aus und schon nach wenigen Minuten sagte er zu, fünf Kilo Quatre-Épices für mich zu mischen. Eigentlich brauchte ich nur ein Kilo, aber der Enthusiasmus, mit dem Ingo über diese Mischung gesprochen hatte, veranlasste mich dazu, das Produkt in mein Programm aufzunehmen.

Diese Entscheidung veränderte Ingo Hollands und meine Zukunft nachhaltig. Ich selber hatte in einer amerikanischen Hotelkette Koch gelernt; obwohl mein Ausbilder und Mentor Wennemar Scherrer, der Bruder von Armin Scherrer und der Vetter von Günther Scherrer, ein weitgereister Mann war, der viele Gewürze kannte und der oft versuchte sie uns näher zu bringen, wurde im Tagesgeschäft meist nur mit Pfeffer, Salz und Paprikapulver gearbeitet.

Später kochte ich in einem bekannten Fischrestaurant auf Sylt, wo in den späten 1970er-Jahren eine Menge Prominenz verkehrte. Ich hatte gehofft, mir da die Tricks und Kniffe abschauen zu können, die einem Durchschnittskoch die höheren Weihen bringen. Pusteku-chen. Der Chef hatte neben Pfeffer, Salz und Paprika noch Curry und *maridor*, eine Art pulverisiertes Maggi für Fischgerichte, im Regal stehen. Mit dieser Ausstattung hatte er jahrelang ein sündhaft teu-res Spezialitätenrestaurant geführt. Eines Tages bestellte der Gast-geber einer Geburtstagsfeier als Beilage zum Hauptgang Kartoffel-püree. In einem Nebensatz erwähnte er, Kartoffelpüree mit etwas Muskatnuss sei die Leibspeise seiner Gattin. Mein Chef ging darauf-hin in den Supermarkt und kaufte eine einzige Muskatnuss und eine klitzekleine Reibe. Wir Köche fragten ihn, ob das nicht ein bisschen wenig sei. Er verneinte mit dem Argument: Das brauchen wir so-wieso nie wieder.

Auch in meiner Kindheit waren Gewürze nicht mehr als ein jahre-lang vor sich hin staubender Dekoartikel im Gewürzregal. Dermaßen unvorbereitet begann meine Mission im Reich der Gewürze und Ge-würzmischungen. Schon sehr bald wurde mir klar, dass es in der Welt der Gewürze eine strikte Trennung zwischen guten und aromati-schen Gewürzen, die teuer sind, und schlechten, wenig aromati-schen Gewürzen, die sehr preiswert sind, gibt. Genau so verhält es sich natürlich auch bei den Gewürzmischungen. Außerdem gab es zu dieser Zeit zum einen nur eine sehr beschränkte Auswahl an Ge-würzmischungen, zum anderen gab es überhaupt keine qualitativ hochwertigen Mischungen.

Der richtige Mann für hochwertige Gewürzmischungen war und ist Ingo Holland. Mitte der 1980er-Jahre gab es kaum einen Monat, in dem ich ihn nicht bedrängte, eine neue Mischung für mich zu pro-duzieren. Jede dieser Mischungen, egal, ob es sich um das Baharat vom persischen Golf, die Cajunmischung aus den Südstaaten der USA, das Chat Masala aus Indien oder eines der zahlreiche Currys handelte, jede Mischung war ein Treffer und besser als alles, was bis dahin am Markt war.

Die Entwicklungen meiner Firma und der Firma Ingo Hollands verliefen parallel zueinander. Ingo behauptet heute, der Impuls, sich um Gewürze als Lebensinhalt zu kümmern, beruhe maßgeblich auf den in diesen Tagen von mir stammenden Anforderungen.

Ich wurde damals nicht müde, ihm zu raten, er solle sich mehr um den Handel und die Herstellung von Gewürzen und weniger um seine Gastronomie kümmern. Es dauerte viele Jahre bis Ingo es schaffte, einen Nachfolger für sein Restaurant zu finden, um sich voll und ganz um Gewürze kümmern zu können. Seitdem hat sich viel bewegt. Ingo produziert Gewürzmischungen in unzähligen Varianten. Immer mit dem Anspruch, erst wenn das Produkt perfekt ist, über die Kalkulation nachzudenken. So entstanden Mischungen von einer bis dahin unbekannten Qualität.

Die großen Jungs in der Gastronomie, die sich schon zwei oder drei Michelin-Sterne erkocht hatten, erkannten die Außergewöhnlichkeit dieser Produkte als erste. Seit dieser Zeit gibt es in der gehobenen Gastronomie eine echte Dreiklassengesellschaft. Zum einen die ewig Gestrigen, die immer noch keinen Bezug zu Gewürzen haben und sich weiterhin mit Pfeffer und Salz durch den Tag kämpfen. Zum anderen die junge Generation, für die Raz el Hanout und Vadouvan zum alltäglichen Geschäft gehören, die jedoch immer noch nicht den Unterschied zwischen den guten und den preiswerten Mischungen akzeptieren und weiterhin ihren Einkauf über den Preis steuern.

Zum Schluss gibt es die Königsklasse. Köche, die kapiert haben, dass Gewürze in der Kalkulation keine, beim Erlebnis auf dem Teller jedoch eine bedeutende Rolle spielen. Um das zu verdeutlichen: Der Kostenanteil der Gewürze eines Gerichts liegt zwischen drei und zehn Cent pro Portion, je nachdem, ob ganz billige oder sehr gute Gewürze benutzt werden. Das Ergebnis auf dem Teller kann jedoch nur durch den Einsatz der richtigen Gewürzmischung zwischen so lala und sensationell schwanken.

Ein kleines Beispiel: Kaufen Sie sich ein Stück Schweinebratenfleisch von einem guten Tier (Ibérico, Schwäbisch-Hällisches, Saalower Kräuterschwein o. ä.). Schneiden Sie es in zwei gleich große Hälften und bereiten Sie aus den beiden Hälften zwei identische Schweinebraten zu. Der einzige Unterschied besteht darin, einen Braten so wie immer zu würzen, den anderen Braten mit *Code Bellota* von Ingo Holland. Danach wissen Sie, was ich meine.

Die Königsklasse ist nicht nur deshalb die Königsklasse, weil sie sehr gut kocht, sie ist auch die Königsklasse, weil sie sehr gut würzt. In der Königsklasse wird die gebratene Gänsestopfleber mit Berbere aus Äthiopien, der gebratene Fisch mit Ducca aus Ägypten, das Tartar mit der Melange noir, einer Mischung aus gestoßenem Malabar, Kubeben- und echtem langem Pfeffer, gewürzt. Diese Gewürzmischungen gehören wie Panch Phoron aus Nordindien, Purple Curry und Djah Oftadeh, die persische Universalmischung (die übersetzt treffenderweise „genau getroffen" heißt) zum Alltag der Königsklasse. Es ist kein Zufall, dass gerade die Köche, die sich mit dieser Materie besonders intensiv befassen, auch diejenigen sind, die in der Gunst der Führer und der Gäste das höchste Ansehen genießen.

Die Angst vor Gewürzen in der Küche ging fast immer mit mangelnder Erfahrung einher. Heute wird gerade in Österreich, aber auch bei uns in Deutschland, durch die Außendienstler der Firma WIBERG ein wesentlicher Beitrag geleistet, diese Angst ein wenig zu verlieren. Diese Außendienstler stellen den Köchen bei ihren Hausbesuchen nicht nur die verschiedenen Gewürze vor, sie erklären auch den Einsatzbereich und die Rezepte, die zu diesen Gewürzen passen. Falls also einmal so ein WIBERG-Mann vor Ihnen steht, schicken Sie ihn nicht weg. Nutzen Sie die Gelegenheit. Diese Leute sind Profis und haben ganz andere und umfangreichere Erfahrungen in der Welt der Gewürze. Die WIBERG-Truppe hat schon sehr vielen Gastronomen zu einer anderen Ebene des Würzens verholfen. WIBERG war schon immer eine Firma, die mit guten Gewürzen handelte. An die ganz große Klasse, in der sich Ingo Holland befindet, hat sie sich aber bislang noch nicht heran getraut, obwohl in letzter Zeit Versuche laufen, mit einer sehr hochpreisigen *Exquisite*-Serie auch in diesem Markt Fuß zu fassen.

Ich könnte mir vorstellen, die in diesem Bericht erwähnten Gewürzmischungen haben Ihre Neugierde geweckt. Es ist nun ein Leichtes, sich im Gewürzbuch von Ingo Holland oder im Gourmetmagazin PORT CULINAIRE weitere interessante Informationen und Anregungen zu holen.

Aber das alles kann nicht die Praxis ersetzen. Deshalb mein Tipp: Besorgen Sie sich zwei der Gewürzmischungen, die sich für Sie und Ihre Küchenrichtung interessant anhören. Eine preiswerte und eine gute Mischung – und entdecken Sie selbst die Explosion der Aromen auf Ihrer Zunge. Versuchen Sie es mit ganz einfachen Begleitern wie gekochtem Ei oder weißem Fisch oder rühren Sie etwas in eine Sauce hollandaise. Meist bildet sich schon beim ersten Probieren eine Assoziation, die ein auf der Karte stehendes Gericht verbessern würde. Nur die Kombination aus eigener Kreativität und dem richtigen Produkt lassen fantastische Ergebnisse erzielen und das ist es, worum es geht.

G

G

GEWÜRZE

G

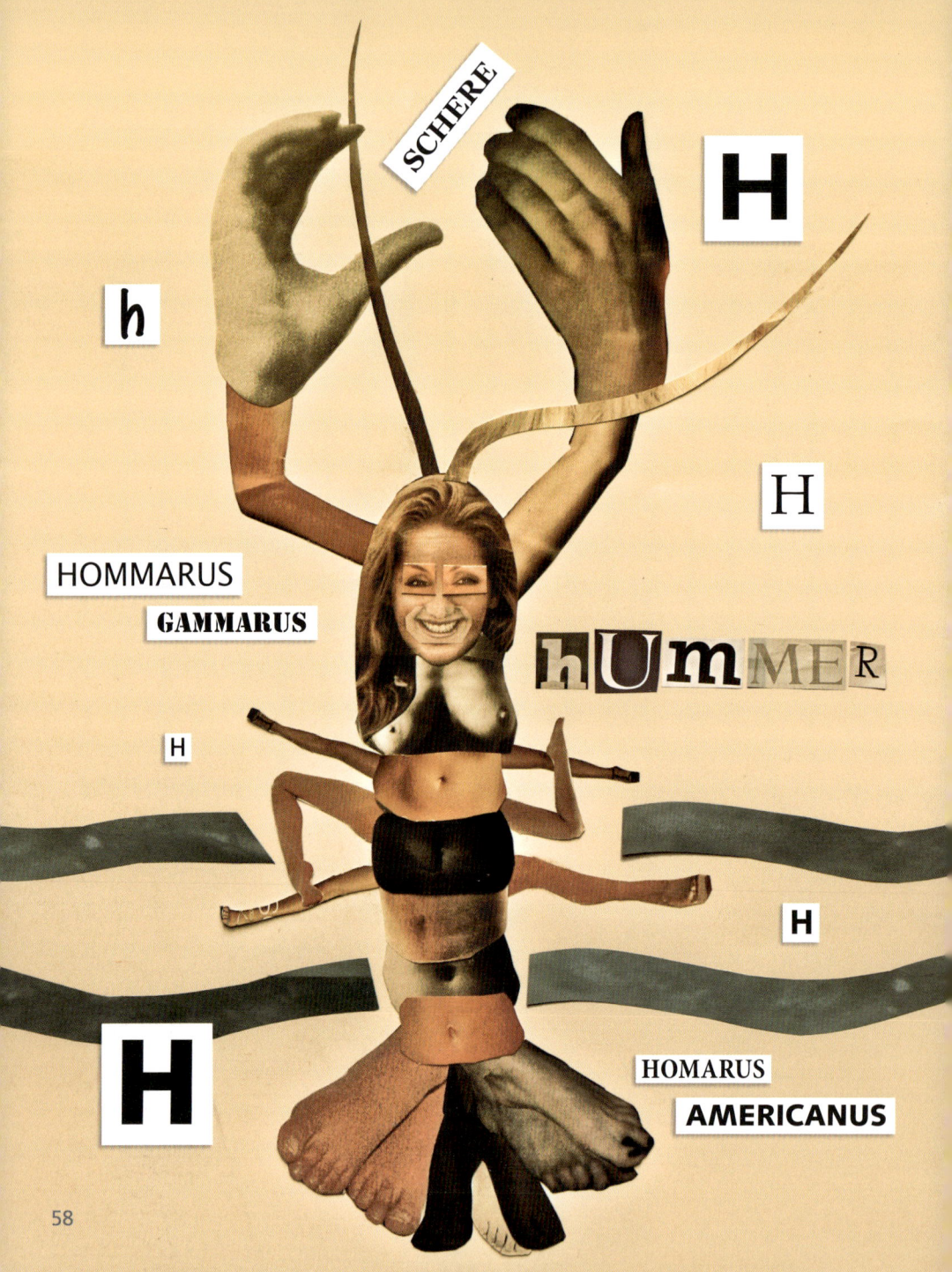

SCHERE

H

h

H

HOMMARUS

GAMMARUS

hUmMER

H

H

H

HOMARUS

AMERICANUS

58

H WIE
HUMMER

Schon in meiner Kindheit fielen mir auf allen Bildern und besonders auf Gemälden, auf denen üppige und fette Völlereien oder teure und erstrebenswerte Delikatessen abgebildet waren, auch immer saftige rote Hummer auf. In der Zeit vor meiner Ausbildung zum Koch waren sie ein unerreichbares Ziel meiner Begierde. Ähnlich wie ich mir als pubertierender Knabe gerne leicht- oder unbekleidete Damen in Magazinen angeschaut habe, schaute ich mir immer gerne Fotos oder gemalte Bilder von Hummern an. Und bei den Damen wie bei den Hummern hatte ich fast immer denselben Gedanken: „Das möchte ich gerne haben."

Beim Hummer musste ich ziemlich lange warten, bis mein Wunsch in Erfüllung ging. Erst als ich bereits in der Lehre war kam es zum lang ersehnten Kontakt. Unser Küchenchef und mein Ausbilder Wennemar Scherrer hatte lange Zeit in Afrika gearbeitet und sein Umgang mit Krustentieren war eher rustikal. Auf der Speisenkarte gab es nur ein einziges Gericht mit Hummer und das war der damals omnipräsente und unvermeidliche Hummercocktail.

In den 1970er-Jahren war das Angebot von Hummerlieferanten in Deutschland noch sehr überschaubar und die Logistik für lebende Tiere steckte noch in den Kinderschuhen. Es wurden zwar auch lebendige Hummer angeboten, aber meist wurde das Tier bereits gekocht geliefert und wartete in diesem Zustand in den Kühlhäusern der Restaurants auf seine Abnehmer.

In Afrika war das anders. Da wurden die Meeresfrüchte quasi aus dem Meer ohne große Zeitverschwendung auf den Teller transportiert. Da waren Meeresfrüchte auch kein Luxusprodukt, sondern Grundnahrungsmittel. Das erklärt auch den rustikalen Umgang mit Hummer. Wenn ein Gast Hummercocktail bestellte, hackte Scherrer einen Hummer in zwei Hälften, zertrümmerte Scheren und Scherengelenke mit einem großen Kochmesser und löste mit einer Hummergabel in Windeseile das Hummerfleisch großzügig heraus. Dieses Hummerfleisch und das Fleisch des Hummerschwanzes wurden grob gewürfelt und zusammen mit Dosenfrüchten und ein paar Salatblattstreifen in einer stark mayonnaiselastigen Cocktailsauce versenkt. Noch ein Schuss Cognac und der unvermeidliche Dillzweig sowie vier der acht Hummerbeine als Garnitur und fertig war der Hummercocktail.

Irgendwann war es dann soweit. Ein Fehlbon und ein zuviel produzierter Cocktail. Ein schüchternes: Darf ich? Ein großzügiges Nicken und der erste Hummer meines Lebens standen mir bevor. War die Enttäuschung groß! Gummistückchen in Mayonnaise. Das sollte eine Delikatesse sein? Nicht für mich. Das war Mist.

Zeitsprung – sechs Jahre später: Hummer war für mich gestorben, als ich in einem Fischrestaurant auf Sylt zu arbeiten anfing. Hier jedoch wurde nur lebender Hummer verarbeitet. Man verfügte sogar über ein Hummerbecken, um die Tiere bis zum Verzehr bei bester Kondition zu halten. Unser Patron war ein gebildeter und serviceorientierter Gastronom, der sich viel Hummererfahrung angeeignet hatte. Hier wurden Hummer nicht nur zu Cocktails verarbeitet, sondern auch warm serviert. Auch die Kochzeit und die Würzung des

Kochwassers wurden sehr gut eingehalten, wobei es sich bei den Gewürzen größtenteils um Salz und Pfefferkörner handelte. Dennoch war das Fleisch der gekochten Tiere weich und würzig und meine zweite Begegnung mit dem Hummer war von ganz anderer Qualität als die erste.

Das war wirklich lecker und meine Aversion gegen Hummer war wie weggeblasen. Vielmehr war meine kindliche Neugierde wieder geweckt worden. Ich aß Hummer, wo immer er auf der Karte stand, und merkte sehr schnell, dass es nicht der Hummer, sondern die Zubereitung ist, die den großen Unterschied macht.

Die große Erleuchtung kam aber erst in der Konstellation Eckart Witzigmann, bretonischer Hummer und der Weisheit des großen Meisters. Es war bereits Mitte der 1990er-Jahre: Eckart lud mich in die Küche seines damaligen Arbeitgebers *Fisch Maassen* ein, um mit ihm zusammen ein paar neue, verwegene Rezepte mit exotischen Gewürzen auszuprobieren. Nach getaner Arbeit lud er mich zum Essen ein. Hummer. Von da an war mir klar, dass Hummer eine der größten Delikatessen sein kann, die unser Planet zu bieten hat. Was machte der Meister anders als andere? Zuerst einmal wurde das Kochwasser richtig gewürzt. Neben 35 Gramm Salz auf einen Liter Wasser, was übrigens der Salzkonzentration von Meerwasser entspricht, und den obligatorischen weißen und schwarzen Pfefferkörnern noch ein ganzer Strauß Aromaten, bestehend aus Möhren, englischem Sellerie, Petersilien- und Estragonzweigen, Lorbeerblatt und Weißwein. In dieses hocharomatische und stark sprudelnde Kochwasser wird der Hummer nur für wenig mehr als eine Minute gegeben. Dann wird er herausgenommen und in einem bereitstehenden Bambusdämpfer über den Topf gelegt. Im Dampf wird der Hummer zu Ende gegart, nur eine Minute lang pro 100 Gramm Lebendgewicht. Dann halbieren, Gelenke und Scheren aufbrechen und servieren. Nach dem Abkochen wird das Kochwasser nicht weggeschüttet, sondern wieder verwendet, da es mit jedem Kochvorgang besser wird. Damit haben Sie schon 90 Prozent des Möglichen ausgeschöpft, die bei der Hummerzubereitung zu erzielen sind. Die letzten zehn Prozent resultieren aus der Qualität und Herkunft des Hummers.

Hierzu muss man wissen, dass es zwei verschiedene Hummer gibt, die im Handel vertreten sind, der Amerikanische Hummer *(Homarus americanus)* und der Europäische Hummer *(Homarus gammarus)*.

Weitaus verbreiteter ist der Amerikanische Hummer, der im Rohzustand von rötlichbrauner Farbe ist. Fast 40.000 Tonnen werden davon jährlich an der amerikanischen Ostküste zwischen North Carolina und Neufundland gefangen. Dagegen werden nur 2500 Tonnen des kobaltblauen Europäischen Hummers gefangen.

Der Europäische Hummer reicht jedoch bei weitem nicht aus, den europäischen Markt zu bedienen, deshalb wird ein Vielfaches der Menge aus den USA importiert. Der Hummer aus den USA ist wesentlich preiswerter als sein europäischer Verwandter. Nicht zuletzt deshalb ist er auch überall zu sehen, wo es Hummer zu kaufen gibt – in den Fischgeschäften, den Fischabteilungen der gut sortierten Cash-and-Carry-Märkte oder den Hummerbecken der meisten Restaurants. Auch die gefrorenen rohen Hummer, die oft in Supermärkten angeboten werden, sind fast ausnahmslos rotbraun, denn das ist die Farbe des Nordamerikanischen Hummers. Was geschieht dann mit den 2500 Tonnen europäischen Hummer?

Ein Großteil dieser Hummer verbleibt einfach da, wo er gefangen wird. Ist in diesen Gegenden der Hummer jedoch nicht so beliebt, wie z. B. in Irland, wird er oft dahin verkauft, wo er wiederum sehr beliebt ist, z. B. in die Normandie oder die Bretagne.

So werden aus Irischen Hummern oft über Nacht Bretonische Hummer, die im Schnitt 20 Prozent teurer, aber nicht besser als die irischen sind. Nur wenige Europäische Hummer werden nach Deutschland, Österreich oder in die Schweiz exportiert.

Die jedoch, die den Weg zu uns gefunden haben, landen fast ausschließlich in den Töpfen und Pfannen der Sterne- und Haubenrestaurants. Europäische Hummer sind in der Regel anderthalbmal bis doppelt so teuer wie Amerikanische Hummer. Hier stellt sich die Frage: Ist der Europäische auch doppelt so gut wie der Amerikanische Hummer? Nein. Ist er nicht. Aber er ist besser als der Amerikanische. Sein Fleisch ist etwas zarter und, wenn er aus sehr kühlen Gewässern stammt, auch etwas aromatischer. Wir reden hier von einem Qualitätsunterschied von etwa zehn Prozent.

Ich bin mir sicher, dass ein sensibler Sternekoch aus einem Amerikanischen Hummer ein besseres Ergebnis produziert als ein weniger talentierter Koch aus einem Europäischen Hummer. Bei der Entscheidung des Kochs, Europäischen Hummer zu benutzen, geht es um etwas anderes. Es geht um das Niveau, das als Koch in der gehobenen Gastronomie überhaupt zu erreichen ist. Den Köchen, die sich für diesen Hummer entscheiden, ist meist genau bewusst, dass die meisten ambitionierten Köche bis zu einem bestimmten Niveau mithalten können. Sagen wir mal bis zu 90 Prozent des Topniveaus können fast alle erreichen. Dann wird die Luft dünn. Zwischen 90 und

95 Prozent befinden wir uns sicher schon im Ein- oder Zwei-Sterne-Bereich.

Über zwei Sterne hinaus ist es nur ganz wenigen vergönnt zu kochen. Die letzten fünf Prozent sind die schwierigsten. Um daran zu kratzen, braucht man in erster Linie Talent, gefolgt von Fleiß. Man kann jedoch fleißig und wissbegierig und talentiert ohne Ende sein – ohne die richtigen Produkte wird man niemals an die 100 Prozent herankommen. Und hier kommt der Europäische Hummer wieder ins Spiel. Er ist zehn Prozent besser als der Amerikanische und diese zehn Prozent können bei der Positionierung zwischen 90 und 100 Prozent eine große Rolle spielen.

Abschließend noch ein paar Dos und Don'ts zum Thema Hummer. Der Hummer muss nach dem Kochen sofort aus dem Wasser heraus. Die Unsitte, den Hummer nach dem ersten Aufkochen vom Feuer zu ziehen und ihn dann im abkühlenden Wasser zu garen, laugt den Hummer aus.

Für Hummer gibt es genaue Kochzeiten. Pro 100 Gramm Hummer eine Minute. Das heißt, ein 800 Gramm schwerer Hummer wird acht Minuten lang gekocht, ein 1000 Gramm schwerer Hummer zehn Minuten lang. Wenn der Hummer später weiterverarbeitet werden soll, wird der gekochte Hummer mit kaltem Wasser abgeschreckt. Wenn er warm serviert werden soll, dann soll er sofort serviert werden und nicht erst eine halbe Stunde später. Hummer werden immer kopfüber in richtig sprudelndem Wasser abgetötet – nicht einen Hummer nach dem anderen in dasselbe immer kälter werdende Wasser geben. Das ist Tierquälerei. Einzeln abgekocht kann der Hummer nach einigen Sekunden wieder aus dem Kochtopf entnommen und schonender im Dampf gegart oder roh filetiert und später gebraten werden. Damit bin ich am Ende und gleichzeitig bei der besten Empfehlung angelangt. Glasig gebratene Hummermedaillons sind kulinarisch gesehen das Beste, was man aus Hummer machen kann. Die schmecken sogar noch ein wenig besser als perfekt gegartes Hummerscherenfleisch mit einem Hauch Sauce hollandaise.

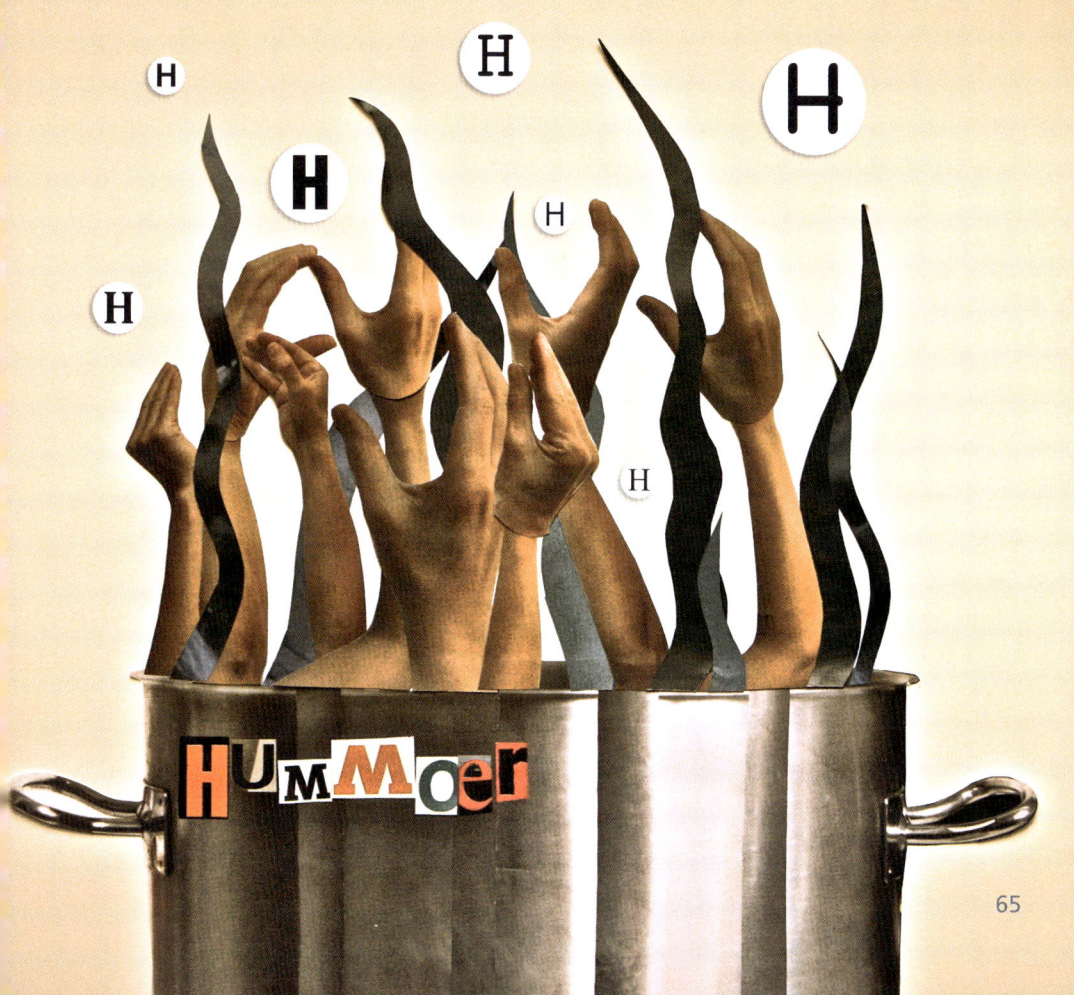

¡BÉRICO

I

I

I

EICHEL

PLUMA

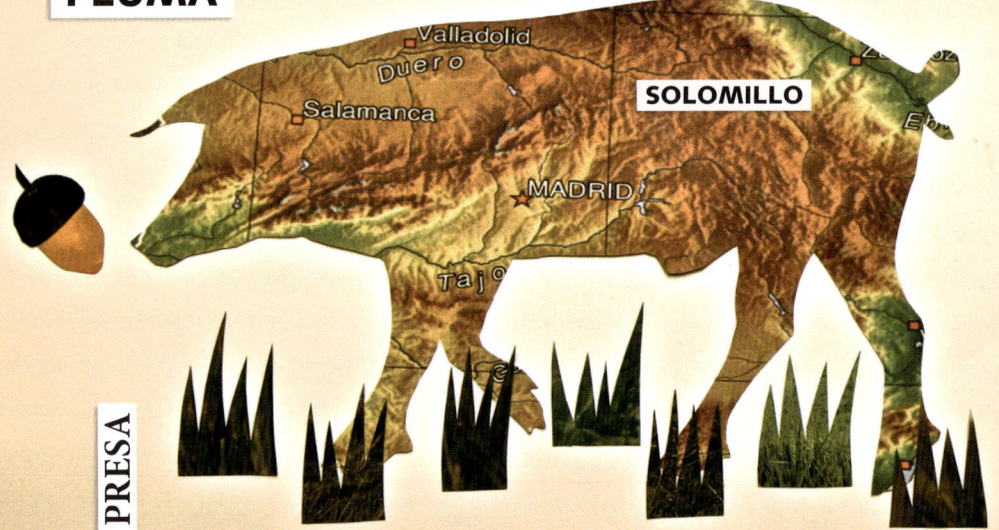

SOLOMILLO

PRESA

SECRETO

IBERISCHES

SCHWEIN

I

I

I WIE
IBERISCHES
SCHWEIN

Noch vor wenigen Jahren war Schweinefleisch in der gehobenen Küche ein No-Go. Für größere Banketts wurde manchmal aus Kostengründen auf Schweinefilet zurückgegriffen. Dies geschah aus finanzieller Notwendigkeit und nicht aus kulinarischen Gründen. Warum war das so? Und was hat sich geändert?

Schweinefleisch war bis vor wenigen Jahren das am stärksten auf die Erfordernisse der breiten Masse reduzierte Lebensmittel überhaupt. Durch immer verwegenere Zucht- und Kreuzungsmaßnahmen hatte man in wenigen Jahrzehnten ein Monster geschaffen, das unentwegt Ferkel produzierte, in affenartiger Geschwindigkeit wuchs und eine riesige Menge preiswertestes Fleisch lieferte.

Bei all diesen Züchtungen und Kreuzungen ging es immer nur um Menge und Preis, nie um Qualität. Um diese Fleischmengen zu produzieren, wurden Unmengen von Wasser in das Muskelfleisch und unzählige Medikamente ins Futter gegeben. Das Ergebnis war billiges, geschmackloses Fleisch, das zu allem Überfluss auch noch in der Pfanne auf die Hälfte seiner Originalgröße zusammenschrumpelte. Etwa im Jahr 1987 setzte die erste Wende in Sachen Schweinefleisch ein. Der Pro-Kopf-Verbrauch begann zu sinken. Von 62 Kilo im Jahr 1987 auf 53 Kilo im Jahr 1997. Die Verbraucher wehrten sich gegen das Zeug und Schwein kam völlig aus der Mode.

Gott sei Dank.

In den folgenden Jahren hörte man immer häufiger, es gäbe auch Schweine, die einer Rasse angehörten. Bis dahin war das einzige bekannte Schwein die rosafarbene Gebär- und Mastmaschine aus dem „Schweine-KZ", deren Rasse weithin unbekannt war und die meist als Hausschwein tituliert wurde.

Plötzlich waren da das Saalower Kräuterschwein, das zweifarbige Schwäbisch-Hällische Landschwein und das so wohlschmeckende Wollschwein. Mit der Rückkehr dieser fast vergessenen Rassen zog auch das Schweinefleisch wieder in die Küchen der gehobenen Gastronomie ein. Etwa in dieser Zeit war ich bei Franz Raneburger in Berlin zum Mittagessen. Er machte einen Schweinebraten vom Saalower Kräuterschwein. Das Teil war so irre perfekt, dass ich mich danach drei Tage durch die Berliner Topgastronomie gegessen habe, nur um herauszufinden, was man noch alles aus diesem wunderbaren Tier zaubern kann.

Diese und viele andere alte Rassen wachsen langsam und lagern wenig Wasser im Muskelfleisch ein. Durch gesunde und abwechslungsreiche Ernährung wird ihr Fleisch schmackhaft, ihre Haut würzig, ihre Fettkruste delikat und die Wurst, die aus ihr gemacht wird, ist ein nachhaltiges Geschmackserlebnis. Die Trendwende hin zu den alten Rassen hat schon zu Beginn dieses Jahrzehnts das Schwein wieder zu einem gern gesehenen, wenn auch exotischen, Gast auf den Speisenkarten der kreativeren Köche gemacht.

Richtig los ging es aber erst, als der Superstar der Schweineszene die Bühne betrat. Das Iberische Schwein. Im Unterschied zu den einheimischen Rassen ist das Iberische Schwein ein zwar zahmes, dennoch wild lebendes Schwein. Es ist fast haarlos, schlank und dunkelhäutig.

Seine schlanken Fesseln enden in schwarzen Hufen, was ihm den Namen „Pata Negra" eingebracht hat.

Im Südwesten Spaniens, in der Extremadura und in Teilen Andalusiens, sind diese Schweine zu Hause. Dort darf pro Hektar Kork- oder Steineichenhain nur ein Iberisches Schwein gehalten werden. Die Schweine leben in Gruppen völlig frei und können sich das ganze Jahr lang in den Wäldern tummeln. Im Frühjahr und Sommer ernähren sie sich wie Wildschweine von wild wachsenden Pflanzen und Kräutern. Im Herbst aber kommt ihre große Zeit.

Da fängt die Montanera, die Eichelmast, an. In dieser Zeit ist der Boden der Haine mit Eicheln bedeckt und für drei Monate ernähren sich diese Schweine ausschließlich von den herabgefallenen Eicheln. Damit sie möglichst viele Eicheln fressen, treiben speziell ausgebildete Schweinehirten die Tiere immer in die Haine, in denen noch die meisten Eicheln zu finden sind.

In nur drei Monaten sollten die schlachtreifen Tiere etwa 30 Kilo zugenommen haben. Das entspricht einer Nahrungsaufnahme von etwa 450 Kilo Eicheln pro Schwein. Das Tier sollte dann ein Alter von 16 bis 18 Monaten (damit ist das Schlachtalter doppelt so hoch wie das des Turbohausschweins) und ein Gewicht von 140 bis 170 Kilo erreicht haben.

Sollte alles so abgelaufen sein wie beschrieben, handelt es sich um ein Ibérico-Schwein der höchsten Qualität, ein Cerdo Ibérico de Bellota („bellota" ist das spanische Wort für „Eichel"). In manchen Fällen klappt das jedoch nicht so gut, da muss am Ende der Mastzeit mit Kraftfutter zugefüttert werden, damit das Tier sein Schlachtgewicht erreicht. Diese Tiere heißen dann „Cerdo Ibérico de Recebo".

Aber gleichgültig, ob es sich um ein Bellota- oder ein Recebo-Schwein handelt, beide haben gemeinsam, dass sich bei dieser Rasse das Fett für die Energiegewinnung im Muskelgewebe einlagert und nicht darauf – im Gegensatz zu den meisten anderen domestizierten Schweinerassen. Denselben Effekt kennen wir von den Wagyu-Rindern, aus denen das berühmte Kobe-Beef gemacht wird. Ein stark marmoriertes und unglaublich schmackhaftes Fleisch.

Das Bellota-Fleisch hat dem Recebo-Fleisch gegenüber geschmackliche Vorzüge, die auf die Ernährung zurückzuführen sind. Dafür ist das Recebo-Fleisch nur halb so teuer. Im Augenblick ist das Fleisch des Iberischen Schweins auf einem bis dato ungekannten Siegeszug durch die Küchen der Toprestaurants. Der Grund dafür ist so einfach wie bestechend: Jahrelang drehte sich die Fleischkarte dieser Restaurants um die Edelteile von Wild, Rind und Lamm. Gerade den Spitzenköchen ist aufgefallen, dass bei allen drei Tierarten Geschmack und Konsistenz nicht Hand in Hand gehen. Das heißt, je zarter das Fleisch ist, desto weniger Geschmack hat es. Das Ergebnis ist also immer ein Kompromiss. Will man dem Gast butterzartes Fleisch liefern, muss man auf Geschmack verzichten. Wählt man Fleisch mit kräftigem Geschmack, ist es immer etwas zäh. Plötzlich gibt es ein Tier, dessen Fleisch butterzart und im Geschmack überwältigend und würzig und dazu noch bezahlbar ist. Ein Traum für jeden Koch.

Um sich selber ein Bild von diesem Fleisch zu machen, sollten Sie sich ein Stück Presa (ein Teil der Schulter) vom Ibérico de Bellota bestellen. Der Händler meines Vertrauens ist die Firma OTTO GOURMET. Dieses Stück braten Sie nach dem Würzen scharf an und servieren es blutig. Ja richtig, Ibérico-Fleisch kann man blutig essen. Nur noch eine Prise Fleur de Sel und etwas frisch gemahlener Pfeffer und ich verspreche Ihnen, es ist das fleischgewordene Geschmackserlebnis schlechthin. Eines der besten meines Lebens.

Das bekannteste Teil des Iberischen Schweins ist natürlich der Schinken, also der Jamon Ibérico. Jamon beginnt aber mit „J" und wir sind beim Buchstaben „I". Wenn Sie also etwas über diesen Weltklasseschinken erfahren möchten, müssen Sie unter dem nächsten Buchstaben meines kulinarisch-gastronomischen Alphabets nachschauen.

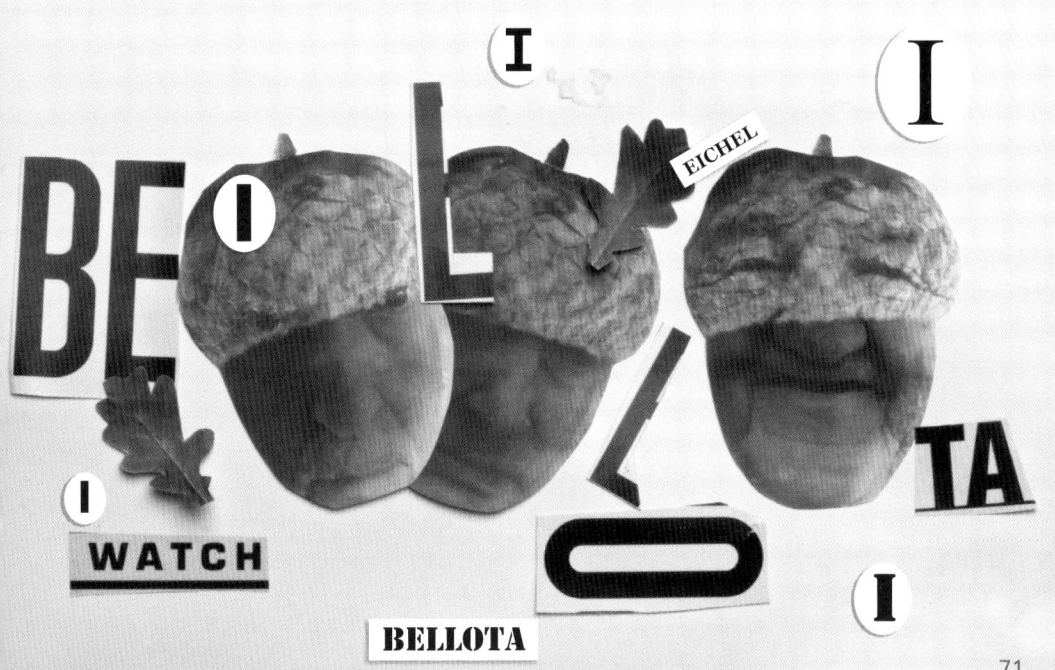

PATA NEGRa

iBERico

test taste

72

J WIE
JAMÓN IBÉRICO

Schon unter dem Buchstaben „I" habe ich über die Besonderheiten des Iberischen Schweins geschrieben, aber da ich nicht davon ausgehen kann, dass jeder Leser jeden Buchstaben liest, fasse ich die Besonderheiten dieser Rasse nochmals zusammen.

Das Iberische Schwein ist ein zahmes, jedoch wild lebendes Schwein aus der Extremadura und aus Andalusien. Es ist dunkelhäutig und fast haarlos. Da es sich um sein eigenes Futter kümmern muss, bleibt es trotz großer Mengen vorhandenen Futters schlank und feingliedrig. Sein Schlachtalter erreicht das Iberische Schwein nach 14 bis 16 Monaten, anders als das Hausschwein, das bereits nach neun Monaten geschlachtet wird. Da das Iberische Schwein eine sehr aktive Rasse ist, speichert es das Fett im Muskel und nicht nur auf dem Muskel, wie es bei den trägen und eingesperrten Rassen der Fall ist.

Besonders schmackhaft wird das Fleisch der Iberischen Schweine, weil sie in den letzten Monaten vor der Schlachtung ausschließlich Eicheln zu fressen bekommen. Wenn dieser Idealfall eintritt, heißen diese Schweine „Bellota-Schweine" („bellota" ist das spanische Wort für „Eichel"). Sollte das Schlachtgewicht von 140 bis 170 Kilo auf diese Art nicht erreicht worden sein wird Kraftfutter zugefüttert. Diese Schweine heißen dann „Recebo-Schweine". Eines haben beide Schweine jedoch immer gemeinsam: Sie haben schwarze Hufen und das hat ihnen international die Bezeichnung „Pata Negra" eingebracht.

Während vor ein oder zwei Jahrzehnten der Parma- oder der San-Daniele-Schinken noch das Maß aller Dinge war, löste der spanische Serranoschinken diese beiden an der Spitze der Edelschinken-Hitliste ab.

Das war jedoch ein Missverständnis. Es war eigentlich der Schinken des schwarzhufigen Ibérico-Schweins, der den Besuchern der Iberischen Halbinsel den Kopf verdrehte. Denn den gab es in den guten Tapasbars und Restaurants Spaniens zu essen. Ins Heimatland zurückgekehrt, versuchten sie diesen Schinken zu kaufen. Die Importeure spanischer Lebensmittel boten ihn nur selten oder gar nicht an, lobpreisten jedoch die Vorteile des Serranoschinkens. So hat dieser hauptsächlich wegen seines extrem guten Preis-Leistungsverhältnisses schnell die Herzen der Deutschen, Schweizer und Österreicher erobert und die italienischen Rohschinken in die Schranken verwiesen. Aber Jamón Serrano ist kein Jamón Ibérico. Dazwischen liegen Welten. Weiterhin auf der Suche nach dem tollen Schinken, den es in Spanien gab, wurde die Nachfrage nach Jamón Ibérico immer lauter. Die Probleme mit diesem Produkt lagen von Anfang an jedoch nicht im Absatz, sondern in der Beschaffung. Hierzu muss man wissen, dass Jamón Ibérico ein äußerst kompliziertes Lebensmittel ist. Wer schon einmal in Barcelona auf der La Rambla oder auf Mallorca in den öffentlichen Großmärkten war und dort die Riesenauswahl von Jamón Ibérico gesehen hat, wird sich gefragt haben, wieso Jamón Ibérico an ein und demselben Stand 12 Euro, 16 Euro, 20 Euro und so weiter bis über 200 Euro pro Kilo kostet.

Ich werde versuchen, das hier zu erklären, aber ich warne Sie vor, es ist, wie gesagt, kompliziert.

Als Erstes muss man wissen: Es gibt nicht nur zwei Qualitätsstufen des Iberischen Schweins, sondern drei. Neben den Bellotas, die durch die Eichelmast ihr Schlachtgewicht erreicht haben, und den Recebos, denen Kraftfutter zugefüttert wurde, gibt es noch das Pienso-Schwein, das auch Cebo- oder Campo-Schwein genannt wird. Es ist zwar von derselben Rasse wie die beiden anderen, hat jedoch nicht den Luxus eines Lebens in Freiheit gehabt. Es wird wie unser Hausschwein größtenteils in Ställen gehalten und ausschließlich mit Getreide gemästet. Es ist natürlich mit Abstand das Günstigste von den dreien.

Desweiteren muss man wissen, dass jedes Schwein vier Schinken produziert: zwei Vorderschinken und zwei Hinterschinken. Die Vorderschinken heißen „Paletillas" und sind flach, wohingegen die Hinterschinken eher rund sind. Durch die flache Bauform der Vorderschinken ist das Schnittbild nicht so schön wie beim Hinterschinken und auch der Fettanteil ist höher. Geschmacklich sind sich beide sehr ähnlich, aber der Vorderschinken kostet mit Knochen nur etwa die Hälfte des Preises vom Hinterschinken. Entbeint und ohne Knochen ist der Preis des Vorderschinkens etwas höher als die Hälfte, da der Knochenanteil beim Vorderschinken auch höher ist.

Wenn wir jetzt rechnen, dass es drei verschiedene Ibérico-Schweine mit je zwei verschiedenen Schinken gibt, dann kommen wir schon auf sechs Varianten. Diese gibt es, wie gesagt, mit oder ohne Knochen. Das sind schon zwölf Varianten. Hiermit ist aber noch lange nicht Schluss.

Die wenigen Firmen und Familien, die diese Schinken produzieren, sind genau wie Winzer in einem Ranking. Es gibt also die Topproduzenten, wie es Topwinzer gibt, und es gibt No-Name-Produzenten.

Natürlich sind die Schinken der Topproduzenten teurer als die der No-Name-Produzenten. Und zwar zum Teil um das Doppelte. Um es uns einfach zu machen, rechnen wir jetzt einmal nur in zwei Klassen: Top oder No-Name. In Wirklichkeit gibt es natürlich Dutzende Abstufungen dazwischen. Aber wenn wir nur mit zwei Klassen rechnen, sind wir jetzt bei 24 Varianten angelangt.

Als nächster Schritt kommt das Alter beziehungsweise die Reifezeit der Schinken dazu. 24 Monate sind bei den hochwertigen Schinken normal und 30 Monate schon ziemlich gut. Da die Schlachtzeit jedoch bei den frei lebenden Schweinen im Frühling ist, kommen natürlich auch Schinken mit 36, 42 Monaten oder 54 Monaten Reifezeit in den Handel. Premiumproduzenten lassen einige Schinken auch gerne einmal 60 oder 72 oder 84 Monate reifen. Auch hier greifen wir, der Einfachheit halber, auf die beiden gängigsten Reifezeiten 24 und 30 Monate zurück und sind somit schon bei 48 Varianten.

Zu guter Letzt die Herkunft: Die spanische Stadt Jabugo gilt als Zentrum des Jamón Ibérico. Deshalb heißt in Spanien der Jamón Ibérico nicht wie bei uns „Pata Negra", sondern „Jabugo". Auch wenn er nicht aus Jabugo ist. Die Frage, ob es sich bei dem Schinken um einen Jamón Ibérico Bellota, also die beste Variante, handelt, besteht in Spanien meist nur aus einem Wort: „Jabugo?" Die positive Antwort ist genauso kurz: „Jabugo!" Es sei denn, es handelt sich um eine ganz besonders schmackhafte und wertvolle Variante, wie z. B. einen sehr lange gereiften oder von einem Topproduzenten hergestellten Schinken. In dem Fall wird, wie es in der spanischen Sprache häufig der Fall ist, der Inhalt der Aussage durch eine Verdoppelung unterstrichen. In diesem Fall: „Jabugo-Jabugo!"

In letzter Konsequenz werden die Schinken, die tatsächlich aus Jabugo stammen, auch wieder anders gehandelt als die, die von außerhalb kommen. Schon sind wir bei 96 Varianten. Der Ehrlichkeit halber muss ich allerdings gestehen, dass diese Rechnung in der Praxis nicht aufgeht, weil die Topproduzenten keine Campo-Schweine verarbeiten und die No-Name-Produzenten oft keine Schinken haben, die wesentlich länger als 36 Monate gereift sind. Aber für diese Ausfälle haben wir ja genug Spielarten aus der Rechnung heraus gelassen. So lässt sich aber auf jeden Fall verstehen, warum auf der Theke eines gut sortierten spanischen Feinkosthändlers oft 30 oder mehr Varianten Jamón Ibérico plus noch einmal etliche Sorten Serranoschinken zur Auswahl liegen.

Sie werden beim Anblick einer solchen Auswahl zwar jetzt verstehen, wie sie sich zusammensetzt, aber ich glaube, das hilft Ihnen bei der Entscheidung nicht weiter. Deshalb zum Schluss noch einige Entscheidungshilfen: Der Zauber des Jamón Ibérico ist nur im Bellota verlässlich gleichbleibend zu finden.

Hinterschinken lassen sich gut vom Knochen schneiden. Dabei immer versuchen, jedem Stück Schinken auch ein kleines Stück Fett anhaften zu lassen. Das Fett des Bellota-Schinkens schmeckt sündhaft gut, auch Leuten, die normalerweise das Fett abschneiden. Aus diesem Grund auch nie das abgeschnittene Fett wegwerfen. Sterneköche kochen damit und braten darin.

Vorderschinken lassen sich nur sehr schwer vom Knochen schneiden, deshalb nur Vorderschinken ohne Knochen kaufen.

Der beste Schinkenproduzent der Welt heißt „JOSELITO". Wer ganz sicher sein will und bei wem Geld keine große Rolle spielt: Diesen kaufen! Eine sehr gute Kombination aus allem ist ausgelöster Vorderschinken von JOSELITO.

Recebo ist eine preiswerte Alternative zu Bellota, jedoch ist der Preisunterschied schmeckbar.

Jamón Ibérico nie kalt essen, immer bei Zimmertemperatur oder ein wenig darüber (auf leicht angewärmten Tellern).

Jetzt noch eine Warnung, die auf schmerzlichen Erfahrungen beruht, wie ich sie selbst in den ersten Jahren beim Handel mit Ibérico-Schinken gemacht habe. Die verschiedenen Schinken sind optisch nicht zu unterscheiden. Diese Tatsache öffnet einem Strolch in der Handelskette Tür und Tor, einen preiswerten Schinken mit den Bändchen und Etiketten eines teuren Schinkens zu schmücken. Und es wird gemacht. Deshalb kaufen Sie Ihren Schinken bitte nur bei einem Fachmann mit Erfahrung und guter Reputation. Es wäre so schade, viel Geld für einen wertlosen Schinken auszugeben. Nicht nur schade um das Geld, sondern besonders auch darum, dass Ihnen das unglaubliche Geschmackserlebnis des besten Schinkens der Welt dadurch vorenthalten bleibt.

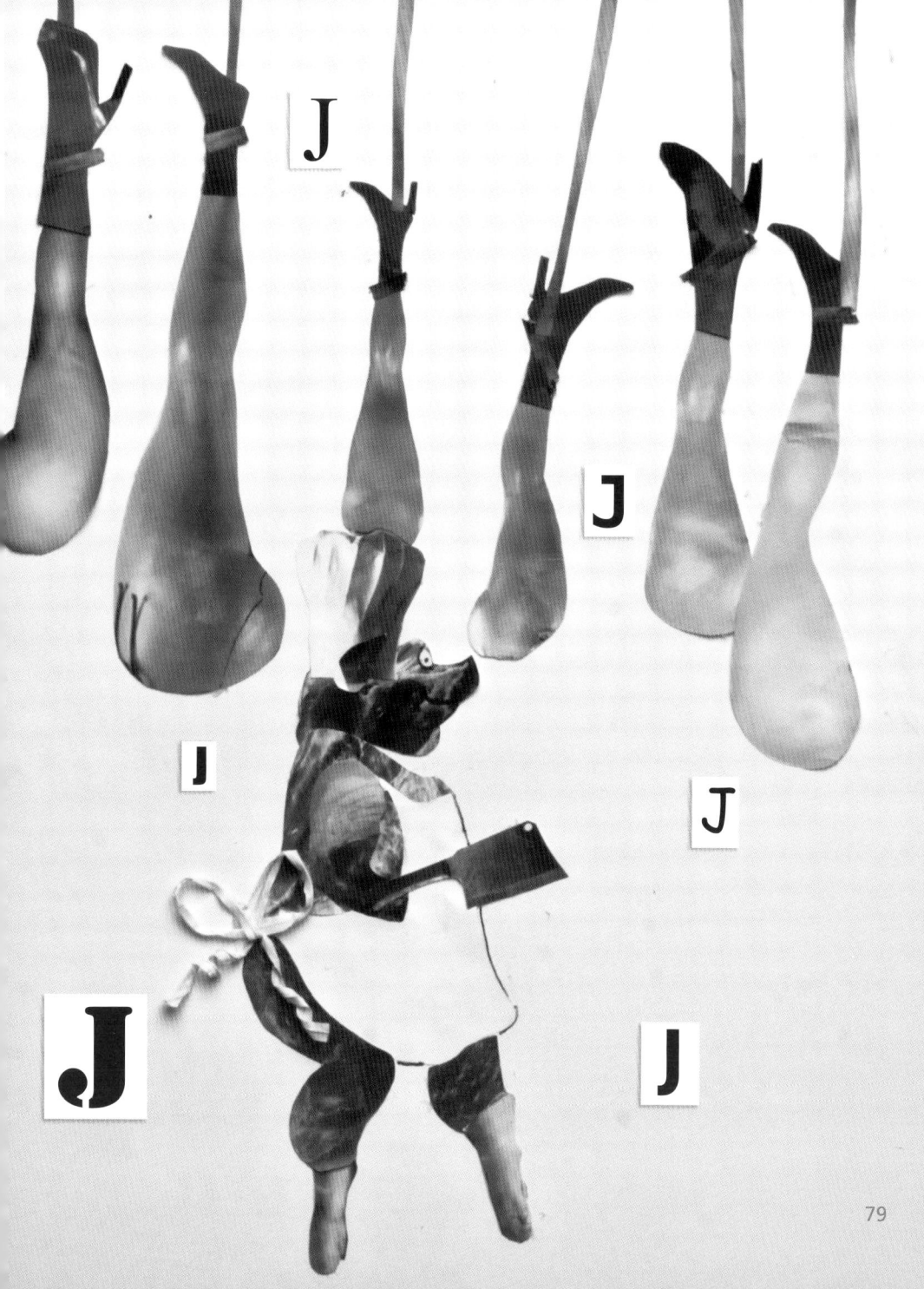

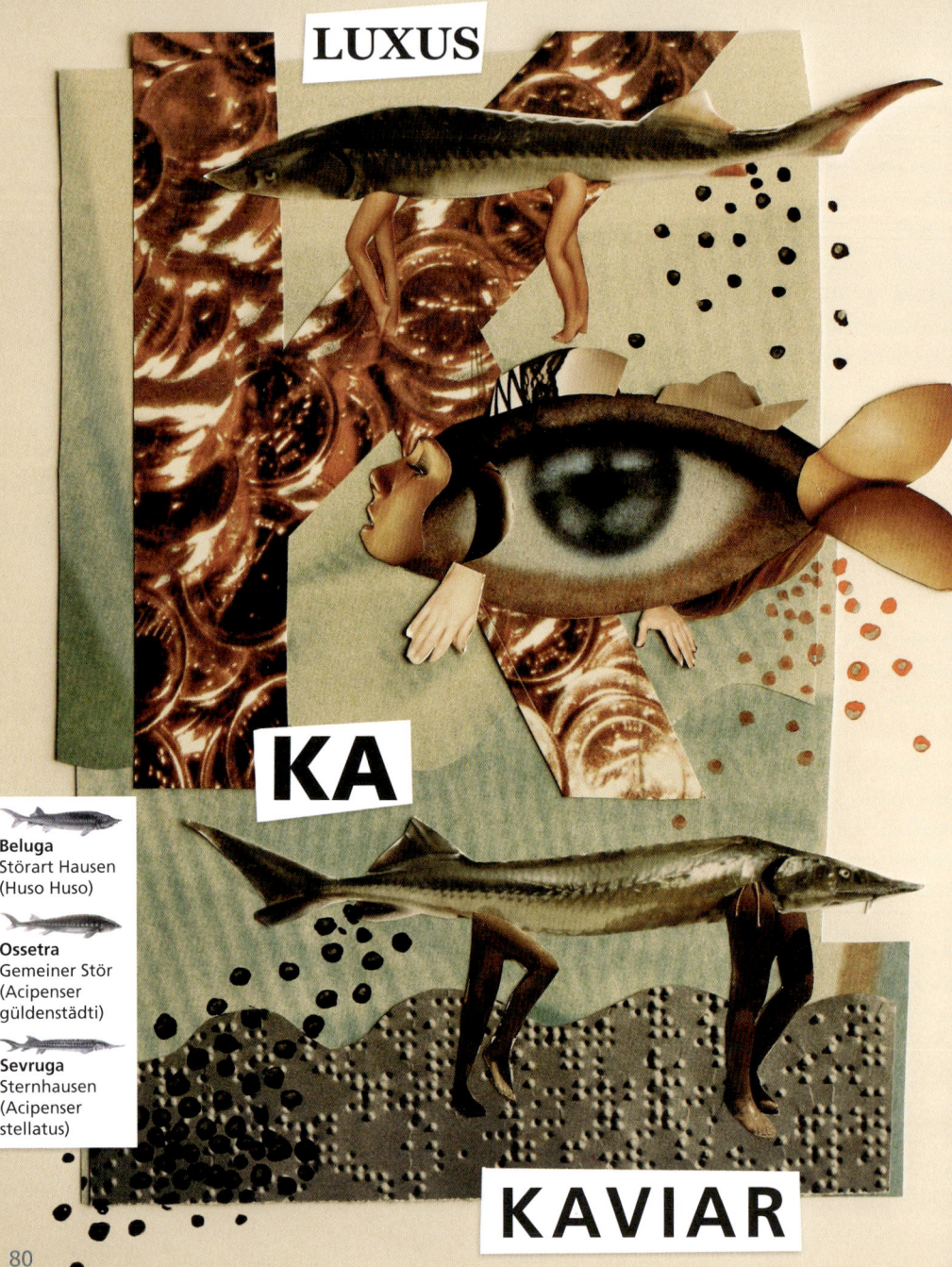

LUXUS

KA

KAVIAR

Beluga
Störart Hausen
(Huso Huso)

Ossetra
Gemeiner Stör
(Acipenser
güldenstädti)

Sevruga
Sternhausen
(Acipenser
stellatus)

K WIE
KAVIAR

Beim Buchstaben K war mir auf Anhieb klar, welches Thema ich wähle: Kaviar. Ein spannendes Thema mit so rasanten Entwicklungen, dass es kaum möglich ist, am Puls der Zeit zu bleiben. Daher nutze ich diese Chance für ein keines Update, das Sie an den heutigen Stand der Dinge heranführen soll. Natürlich kann ich das nicht tun, ohne Ihnen ein wenig Basiswissen vorweg zu liefern.

Die Bezeichnung „Kaviar" galt über Jahrzehnte für den gesalzenen Rogen von nur drei verschiedenen Störarten aus dem Kaspischen Meer, alles andere trug die Bezeichnung „Kaviar" zu Unrecht:

1. Hausen-Stör *(Huso huso)*, der Belugakaviar produziert
2. Russischer Stör *(Acipenser gueldenstaedtii)*, der Osietrakaviar produziert
3. Sternhausen-Stör *(Acipenser stellatus)*, der Sevrugakaviar produziert

Zu Beginn möchte ich auf die drei oben erwähnten Sorten eingehen. Der teuerste und seltenste Kaviar war und ist Belugakaviar. Sein Lieferant, der Hausen-Stör, ist ein Gigant. Er erreicht in freier Wildbahn ein Gewicht von über tausend Kilo, was allerdings aufgrund der Überfischung quasi nicht mehr passiert. Dennoch sind laichreife Weibchen oft über 200 Kilo schwer. Entsprechend großperlig ist auch der Kaviar. 3,5 Millimeter Durchmesser sind der Standard, die Haut eines Kaviarkorns ist hauchzart und zerplatzt beim leichtesten Druck. Dadurch hat der Beluga das beste Mundgefühl. Der Geschmack eines guten Belugakaviars ist sahnig und mild. Die Farbe ist in der Regel stahlgrau, kann aber auch etwas heller oder dunkler sein.

Die zweite Sorte und der meistverbreitetste Stör im Kaspischen Meer ist der Russische Stör. Er hat ein Laichgewicht von 40 bis 100 Kilo und die Größe der Kaviarperlen liegt zwischen 2 und 2,5 Millimeter im Durchmesser. Der Osietrakaviar ist der aromatischste aller Kaviarsorten. Für die meisten Kaviarfreunde ist der Osietra das Maß aller Dinge. Nussig und intensiv zeigt er geschmacklich den meisten Charakter. Die Farbskala des Osietra reicht von Grüngelb über Oliv bis zu Braun, aber auch Hellgrau, Dunkelgrau und fast Schwarz ist möglich. Der dritte und leider kaum mehr anzutreffende Stör ist der Sternhausen. Sternhausen-Störe sind im laichfähigen Alter um die 20 Kilo schwer. Entsprechend klein sind auch die Perlen des Sevrugakaviars, nämlich nur 1,5 bis 2 Millimeter im Durchmesser. Das machte ihn auch über Jahrzehnte zum günstigsten der drei Kaviarsorten. Die Farbe ist meist sehr dunkel bis schwarz, allerdings gibt es auch grauen und stahlfarbenen Sevruga. Diese Sorte ist äußerst schmackhaft und das Mundgefühl ist spannend. Die Farbe des Sevrugas hat auch dafür gesorgt, dass in den Köpfen der meisten Menschen Kaviar schwarz ist, obwohl in Wirklichkeit nur 10 Prozent aller Störkaviare schwarz sind. Viel häufiger ist echter Kaviar grau oder oliv.

Bis vor zwölf Jahren war das, was Sie bisher gelesen haben, der Stand der Dinge. Dann jedoch passierten in der Kaviarwelt viele Sachen gleichzeitig, die das bis dahin gültige Bild auf den Kopf stellten. Grund dafür war die skrupellose Überfischung des Kaspischen Meeres. Um der totalen Ausrottung des Störs entgegenzuwirken, wurde der Stör Anfang dieses Jahrtausends unter Naturschutz gestellt. Damit aber die Kaviarfischer nicht von heute auf morgen in die Erwerbslosigkeit gezwungen wurden, wurden gleichzeitig an strenge Bedingungen geknüpfte Fangquoten freigegeben.

Die Bedingungen regelten den Nachbesatz und auch die Strafen bei Überfischung durch Schwarzfischerei. Da aber von keinem der Anrainerstaaten des Kaspischen Meeres die Bedingungen erfüllt wurden, sind in letzter Konsequenz die Fangquoten im Jahr 2009 auf null heruntergefahren worden. Im Umkehrschluss bedeutet das, dass jeder echte Kaviar aus dem Kaspischen Meer entweder illegal gefangen und ins Land geschmuggelt wurde oder aus dem Fang von 2008 stammt. In beiden Fällen dürfte er jedoch ungenießbar sein, denn Schmuggler waren noch nie für das Einhalten der Kühlkette bekannt.

Parallel wurde zum Schutz und zum Auffüllen der Wildbestände eine Menge Energie auf die Zucht von Stören verwendet. Aus der Nachzucht in den Störfarmen wurden natürlich auch große Störe und diese wiederum produzierten Kaviar. Dieser sogenannte „Farmkaviar" oder „Kaviar aus Aquakultur" steckte vor zwölf Jahren noch in den Kinderschuhen. Mit den jedoch immer kleiner werdenden Kontingenten für Wildkaviar und den damit einhergehenden Preissteigerungen wurde der Bedarf an Farmkaviar immer größer.

Störfarmen in Frankreich, Italien, Spanien und Deutschland arbeiteten fieberhaft an der Qualität des Kaviars aus Aquakultur. Zu Beginn konzentrierte man sich in allen Störfarmen auf einen Stör, der ursprünglich nicht zu den drei Kaviarstören des Kaspischen Meeres gehörte. Es handelte sich um den Sibirischen Stör *(Acipenser baerii)*. Dieser Stör hatte den großen Vorteil, im laichreifen Alter nur 15 Kilo zu wiegen, jedoch Kaviarperlen in Osietragröße zu produzieren. Dieses erlaubte ein einfaches Handling bei zugleich reicher Ernte.

Der Nachteil von Baerikaviar ist jedoch, dass er immer einen – freundlich ausgedrückt – Karpfengeschmack hat. In der Entwicklung von Farmkaviar hatte die deutsche Kaviarfarm DESIETRA in Fulda immer die Nase vorne. Sie war die einzige Farm, die über Jahre ihre Störe indoor gehalten hat und somit saisonunabhängig Kaviar produzieren konnte. Sie war auch die erste, die im größeren Umfang die wesentlich komplizierter zu haltenden Russischen Störe züchtete und damit echten Osietrakaviar produzierte. Zu guter Letzt war sie es auch, die den fast ausgestorbenen Hausen-Stör züchtete und damit auch den feinsten Kaviar, Beluga Malossol, wieder verfügbar machte.

Apropos Malossol: Viele Feinschmecker glauben, „Malossol" sei eine Sorte. Das ist falsch. „Malossol" ist Russisch und bedeutet „schwach gesalzen". Früher war es aufgrund der fehlenden Kühlmöglichkeiten üblich, den Kaviar im Sommer stark zu salzen, um ihn haltbar zu machen, während im Winter auf starkes Salzen verzichtet werden konnte. Natürlich schmeckte der wenig gesalzene Kaviar besser und der Zusatz „Malossol" wurde zu einem Qualitätskriterium. Heute spielt das keine Rolle mehr, da man aufgrund der ständig und überall verfügbaren Kühlung nur noch „Malossol" produziert, unabhängig von der Sorte.

Zurück zum Zuchtkaviar. Heute gibt es kaum ein Land, das keinen Zuchtkaviar produziert. Bei vielen Ländern gilt es jedoch, Vorsicht walten zu lassen. Dort wird meist noch ausschließlich Baerikaviar produziert und der hat immer noch den bereits erwähnten Karpfengeschmack.

Diese Problematik haben einige Produzenten sehr gut in den Griff bekommen. Hierzu gehört auch die bereits erwähnte Firma DESIETRA aus Fulda. DESIETRA hat heute also einen sehr guten Baeri-, einen ausgezeichneten Osietra- und einen sensationellen Belugakaviar zu einem durchaus attraktiven Preis im Programm.

In Spanien wurde ein Stör aus der Adria kultiviert, der zwar kein besonders schönes Korn hat, jedoch einen hinreißenden Geschmack.

In China wird in der wohl modernsten Aquakulturanlage der Welt Kaviar von einem eigens dafür gezüchteten Störhybriden produziert und von einem Team persischer Kaviarspezialisten so verarbeitet, dass er kaum mehr vom Wildfang zu unterscheiden ist. Aufgrund der Menge von Anbietern wird nun natürlich auch der Preis immer interessanter. Allein im Jahr 2012 ist der Durchschnittspreis um 30 Prozent gefallen und die Entwicklung geht weiter in Richtung tolle Qualität und günstige Preise. Und das alles zum Wohl der Umwelt. Denn einen großen Teil ihres Umsatzes generieren die Störfarmen aus dem Verkauf von Jungfischen zum Nachbesatz der Flüsse und Seen, in denen der Stör ansonsten ausgestorben wäre.

ILLARDO LEBENSZWECK
BORSTEN
VIEH
SCHWEINE
SPECK
LEBENS
ZWECK

L WIE
LARDO

Bei den Schinken sind die Spanier zur Zeit Weltmeister. Das haben wir in den zwei Artikeln über das Iberische Schwein gelernt. Es gibt aber einen Punkt, bei dem die Italiener die Nase vorn haben: Das ist der fette Speck, der in Italien „Lardo" heißt. Wer jetzt an den fetten Speck in Deutschland denkt, der für ein paar Cent beim hiesigen Metzger zu kaufen ist, oder an das Fett vom rohen Schinken, der liegt weit daneben.

Lardo ist eine Delikatesse, eine kostspielige dazu. Was unterscheidet Lardo von normalem Speck?

Na, erst einmal der Schnitt. Lardo ist fester Rückenspeck, wohingegen der normale Speck meist weicher Bauchspeck ist. Während die Herstellung von Speck ein einfaches Metzgerhandwerk ist, ist ein guter Lardo das Werk eines Künstlers. Um dieses Kunstwerk zu produzieren, braucht es Zeit, gutes Handwerkszeug und bestes Material.

Nicht weniger als drei, meist sogar mehr als sechs Monate vergehen, bis sich der Rückenspeck in feinsten Lardo verwandelt hat. In dieser Zeit „wohnt" der Rückenspeck, gut beschwert, in einer mit gewürzter Salzlake gefüllten und abgedichteten Marmorwanne. Wenn bei der Produktion alles richtig gemacht wurde, hat der in eckige Blöcke geschnittene Lardo zwar immer noch eine feste Konsistenz, in Scheiben geschnitten ist er aber so zart, als würde er auf der Zunge schmelzen. Zudem hat die lange Lagerung in der Würzlake dem butterzarten Lardo einen wunderbar zartwürzigen und nussigen Geschmack verliehen, der im krassen Widerspruch zu seinem Aussehen steht. Wer den Geschmack von Speck erwartet, wird dermaßen positiv überrascht, dass sogar Menschen, die normalerweise das Fett vom Fleisch abschneiden und für die weißer Speck absurd ist, nach dem ersten zaghaften Kosten zu wahren Lardojunkies werden.

Die Geschichte des Lardos ist alt, sehr alt. Man geht davon aus, dass in marmorreichen Gegenden Italiens bereits zu Zeiten der Römer Fleisch auf diese Art und Weise haltbar gemacht wurde. Der Sache mit dem Marmor hat der Lardo auch seinen Zweitnamen „Colonnata" zu verdanken. Denn Colonnata ist ein Stadtteil Carraras, der sagenhaften Marmorstadt. Dieser Lardo di Colonnata gilt weithin als der Beste von allen.

Ich persönlich kann dem nur bedingt zustimmen. Zwar sind die Lardi aus Carrara in aller Regel sehr gut, die wahre Qualität hängt jedoch vom Metzger und dem Schwein ab, aus dem er gemacht wurde. Bei Dutzenden von Querverkostungen habe ich auch ausgezeichnete Lardi aus dem Aosta-Tal und sensationelle Lardi aus der Toskana gefunden. Besonders verliebt bin ich in einen Lardo der Firma Montalcino Salumi. Dieser Lardo hat oft einen zartrosa Schimmer und am oberen Rand einen letzten Streifen mageren Fleisches, der ihn absolut unwiderstehlich macht.

Hiermit möchte ich zum wichtigen Teil kommen: Wozu kann man Lardo benutzen und wozu sollte man ihn einsetzen?

Würde ich gefragt, welche zwölf Sachen ein Koch immer auf Lager haben sollte, würde neben den ganz essenziellen Sachen wie Pfeffer,

Salz, Butter und Sahne usw. ganz sicher auch Lardo auf der Liste erscheinen. Denn im Gegensatz zu fettem Speck, der als Bratfett eine gute Figur abgibt, oder zu durchwachsenem Speck, der gewürfelt oder in dünne Scheiben geschnitten und mitgebraten ein ausgezeichnetes Gewürz abgibt, ist Lardo eine unvergleichliche Kombination aus Gewürz, Geschmacksverstärker und Texturgeber.

Um dem Lardo näher zu kommen, fangen wir auf der untersten Ebene an: mit der Aufschnittmaschine dünn geschnitten und als Brotbelag. Wer sich jetzt noch ein wenig Mühe gibt und das Brot leicht anröstet (und vielleicht sogar noch mit ein wenig frischem Knoblauch einreibt), hat schon eine Delikatesse gebaut, die Schinkenschnittchen, Salamicanapés und andere Wurstwaren sofort in die zweite Reihe verbannt.

Auch andere Anwendungen in der kalten Küche sind überraschend und nachhaltig. In Salaten, auf Tapas und als Antipasti kann ein dünnes Scheibchen Lardo den Geschmack, die Zartheit und die Saftigkeit um Dimensionen steigern, ohne fettig zu schmecken.

Seine ganz große Rolle findet der Lardo jedoch in der warmen Küche. Sein Einsatzgebiet dort ist grenzenlos. Bei Gemüsebeilagen sollte immer ein Händchen voll Lardostreifen mitgaren. Lange Gemüse wie Bohnen oder Spargel kann man darin einpacken und braten. Sättigungsbeilagen wie Polenta, Kartoffeln, Reis oder Bulgur werden nach dem Garen mit hauchdünnen Lardostreifen belegt oder mit Lardo zusammen gebraten.

Seine Königsrolle spielt er jedoch zusammen mit Fisch, Fleisch, Meeresfrüchten und Geflügel. In Lardo gewickelte Scampi oder Tournedos im Lardomantel haben einen extrem hohen Suchtfaktor.

Geflügel wird durch das Umwickeln mit Lardo nicht nur spannend würzig, sondern auch noch saftig. Fischfilets werden durch das Braten in Lardo eindeutig anbetungswürdig.

Allerdings darf ein großer Nachteil des Lardos nicht verschwiegen werden. Wer anfängt, mit Lardo zu kochen, stellt sehr schnell fest, dass alles, was mit Lardo gekocht wird, besser schmeckt als die Sachen, die ohne Lardo gekocht werden. Das führt oft dazu, in der Küche viel Lardo einzusetzen. Der Nachteil ist: Das merken auch die Gäste. Es schmeckt auch denen besser und sie kommen öfter. Das heißt, das Restaurant ist voller und man muss mehr arbeiten. Wer das nicht will, sollte also unbedingt die Finger vom Lardo lassen.

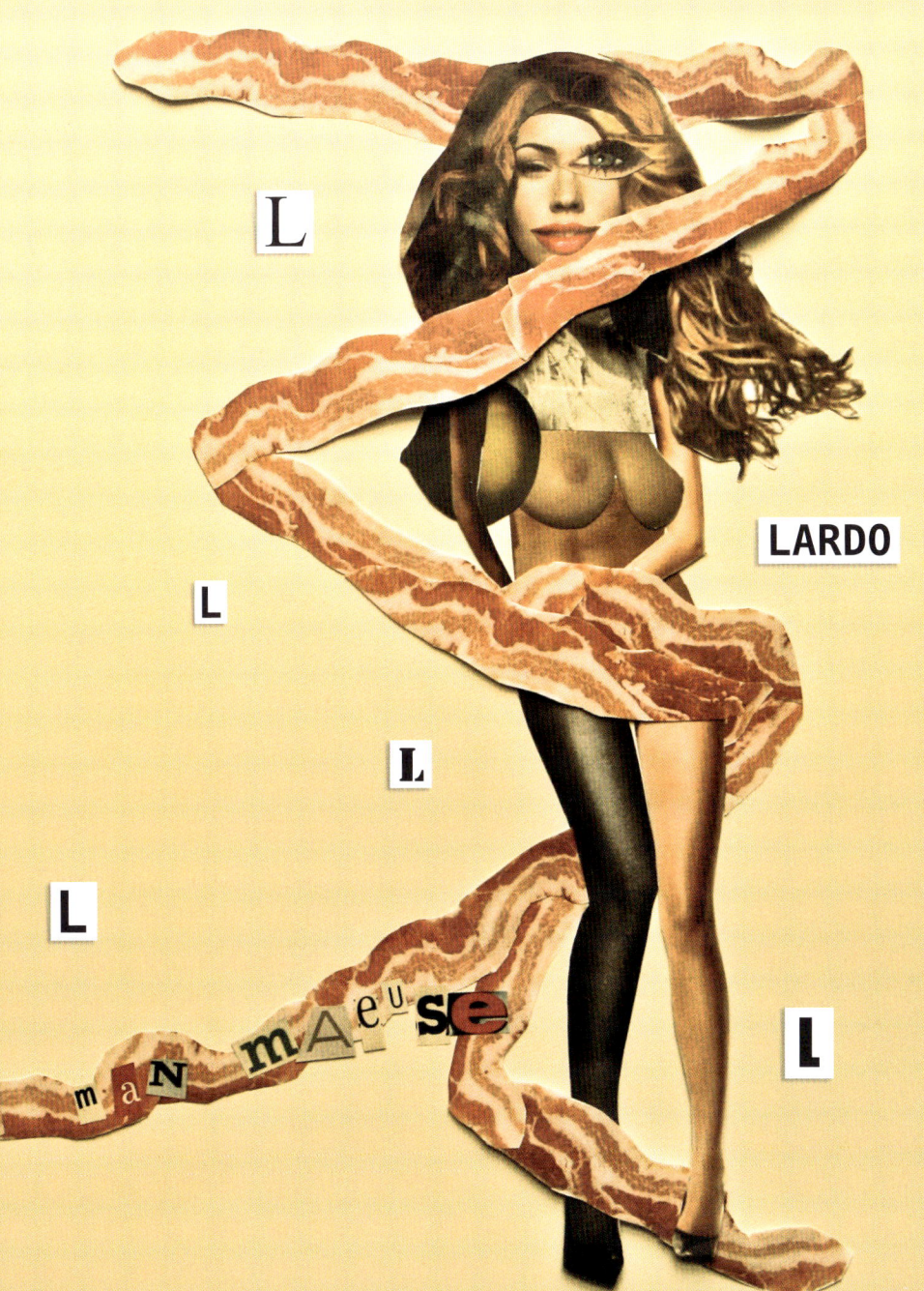

L

L

LARDO

L

L

L

maNmAeuse

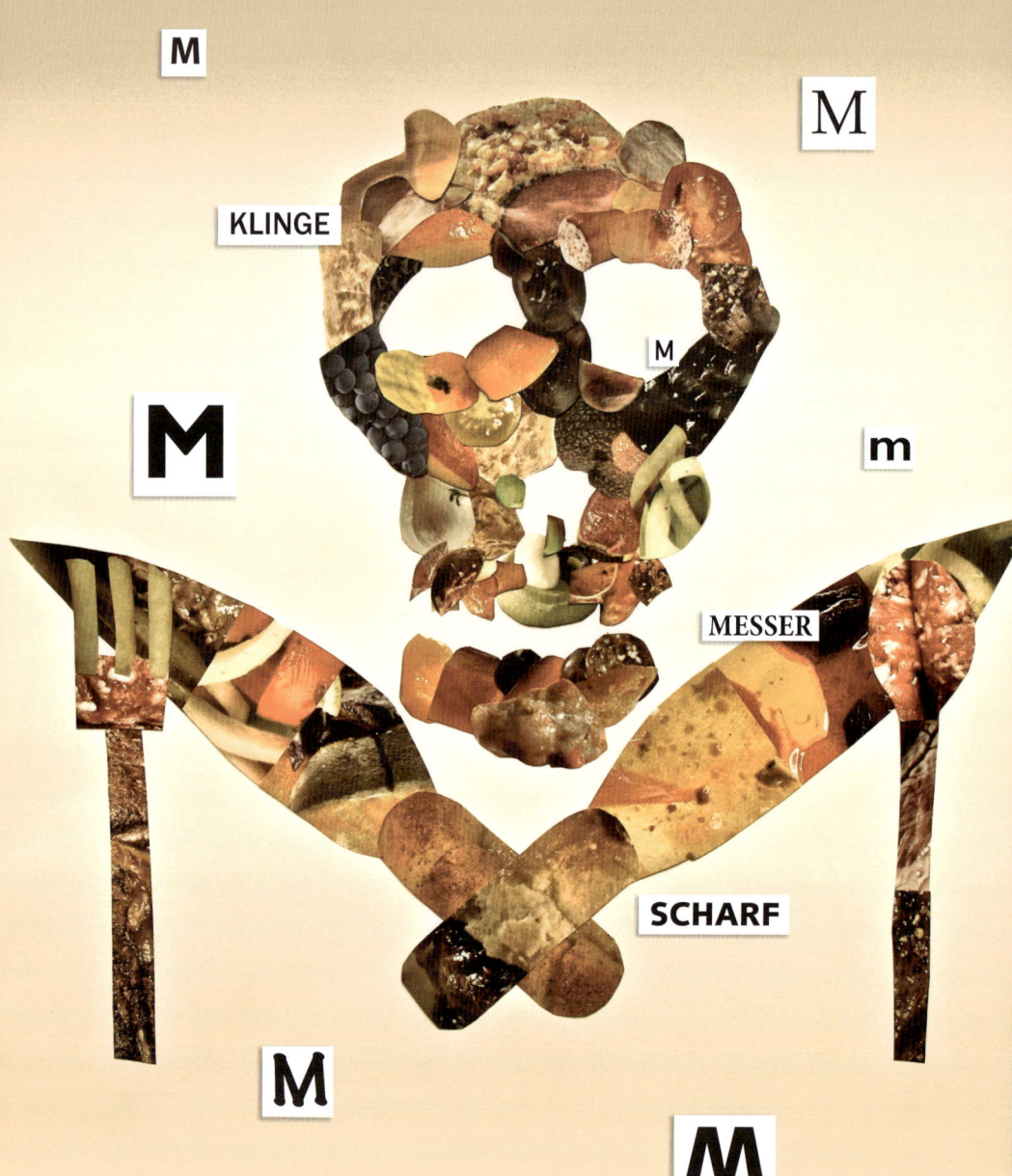

M

M

KLINGE

M

M

m

MESSER

SCHARF

M

M

M WIE
MESSER

Bei keinem anderen Thema schlagen die Emotionen professioneller Köche so hoch wie beim Thema Messer. Auch andere Männer lieben Messer, aber mehr als patriarchalisches Schmuckstück oder als allzeit bereites Allroundwerkzeug. Bei Köchen ist das etwas anderes.

Alle haben schon einmal das Gefühl am ersten Tag bei der Arbeit mit einem neuen Messer kennengelernt. Das sanfte Gleiten durch das Schneidegut, der akkurate und mühelose Schnitt, selbst durch härtestes Material. Das perfekte Ergebnis, ohne Druck, nur durch die einfache Bewegung der Klinge.

Dieses Gefühl ist nachhaltig und hat einen hohen Suchtfaktor. In meiner Zeit als Koch war ich selbst so scharf auf scharfe Messer, dass ich mir dauernd neue kaufte. Mangels Geld waren es immer preiswerte Messer mit einer ziemlich guten Initialschärfe. Die Schärfe nach dem Abziehen mit dem Wetzstahl reichte bei weitem nicht an die Schärfe des neuen Messers heran. Der Messerschleifer lohnte sich nicht, weil die Messer dafür zu billig waren. Also, immer neue Messer.

Heute besitze ich etwa 20 Messer, verteilt auf drei Arbeitsplätze. Kaum ein Messer ist jünger als acht Jahre. Jedes der Messer ist von sehr guter Qualität und jedes meiner Messer ist heute schärfer als an dem Tag, an dem ich es bekommen habe. Das Brotmesser ausgenommen. Ich kaufe mir auch keine neuen Messer mehr, weil ich das geile Gefühl, mit scharfen Messern zu schneiden, jetzt immer habe. Um dahin zu kommen, musste ich eine Menge über Messer lernen. Zuerst einmal, dass es kein Universalmesser gibt, so wie es kein Universalauto gibt. Es gibt Offroader, Transporter und Rennwagen, Familienkutschen, Cabriolets und Zweisitzer, Omnibusse, LKWs und Sattelschlepper. Mit einem Sattelschlepper kann man keine Rennen und mit dem Rennwagen nicht durchs Gelände fahren.

Genauso ist es bei Messern. Hackmesser zum Durchtrennen von Knochen eignen sich nicht zur Herstellung ziselierter Dekorationen und Schälmesser nicht zum Brotschneiden. Die beiden Hauptunterschiede bei Messern lassen sich am besten mit Robustheit und Schärfe beschreiben, weil das eine das andere immer ausschließt. Um das zu verstehen, muss man die Architektur einer Klinge kennen. Die Bruchkante einer durchgebrochenen Messerklinge entspricht immer etwa dem Bild zweier betender Hände. Die oberen 10 Prozent, also die „Fingerspitzen", unterscheiden zwischen scharf und robust.

Um das begreiflich zu machen, möchte ich Sie bitten, Ihre Hände wie beim Beten zusammenzulegen und dann die Ballen so weit voneinander zu trennen, bis Ihre Hände ein gleichschenkeliges Dreieck bilden. So etwa sieht der vergrößerte scharfe Teil der Schneide einer robusten Klinge aus. Die Physik erlaubt es, schadlos einen Knochen mit solch einer Klinge zu hacken, auch ungestümes Arbeiten auf einem Schneidebrett kann einer solchen Klinge nichts anhaben. Das perfekte Messer für Metzger und Köche, die viele Krustentiere aufbrechen müssen. Auch in Privathaushalten sind robuste Messer sehr gefragt, da dort gerne ein Messer für jeden Einsatz benutzt wird.

Eine scharfe Klinge hat eine andere Architektur. Legen Sie dazu Ihre Hände wieder zusammen und schieben sie die rechte Hand soweit nach unten, bis ihre Fingerspitzen unterhalb der Fingerkuppen der linken Hand liegen. So sieht die Klinge eines scharfen Messers aus. Sehr empfindlich, aber auch sehr scharf und leicht nachzuschärfen. Der Schliff der robusten Messer heißt „ballig", da die Klinge fast rund geschliffen ist. Der Schliff der scharfen Klinge ist der Keilschliff. In Deutschland werden fast alle Messer „ballig" geschliffen, da dieser Schliff für über 90 Prozent aller User der richtige ist und außerdem lässt sich jedes Messer mit der Maschine „ballig" schleifen.

Der Keilschliff lässt sich nur von Hand erzeugen. In Deutschland werden Messer jedoch nur in ganz, ganz seltenen Ausnahmefällen mit der Hand geschliffen. Anders ist es in vielen Teilen Asiens, besonders in Japan. Dort werden hochwertige Messer von Hand geschliffen.

Abgesehen vom Schliff spielt natürlich das Material eine übergeordnete Rolle. Hochwertige Messer müssen aus hochwertigem Messerstahl gefertigt, im besten Fall geschmiedet, werden. In der Praxis fühlen sich jedoch auch „ballige" Messer, wenn sie neu sind, sehr scharf an. Diese Schärfe ist die sogenannte Initialschärfe. Produziert wird diese Initialschärfe durch einen sogenannten Grat. Dieser Grat wird beim „balligen" Schliff wie eine Art Antenne auf das gleichschenkelige Dreieck der Klinge quasi aufgesetzt. Dieser Grat ist sehr scharf und vermittelt den Eindruck unwiderstehlicher Schärfe bei einem neuen Messer.

Leider ist diese Schärfe nur von kurzer Dauer, da sie schon beim leichtesten Gegendruck wegknickt und sich um das Dreieck faltet. Einige Male lässt sich der Grat noch mit einem Wetzstahl aufstellen.

Nach kurzer Zeit ist der Grat jedoch verschwunden und lässt sich auch nicht wieder herstellen. Das ist der Grund, warum sich „ballige" Klingen nach wenigen Tagen der Benutzung nie wieder richtig schärfen lassen.

Beim Keilschliff endet die Klinge in einem natürlichen Grat. Diese Klingen werden auch nicht mit dem Wetzstahl nachgeschärft, sondern mit einem Schleifstein. Der Zeitaufwand ist etwa derselbe, aber das Resultat ist überwältigend. Während das „ballige" Messer mit dem Alter immer stumpfer wird, wird das Keilschliffmesser mit dem Alter immer schärfer.

Leider ist dieses profunde Wissen, selbst unter Profiköchen, noch immer nicht sehr verbreitet. So ist es auch zu erklären, dass viele Profiköche immer noch mit einem Werkzeug arbeiten, das eigentlich nicht für ihre Berufsgruppe konzipiert wurde.

Profiköche brauchen scharfe Messer. Nicht nur weil es Spaß macht, mit scharfen Messern zu arbeiten, vielmehr ist das Schneiden mit scharfen Messen auch viel akkurater und vor allen Dingen viel ermüdungsfreier als mit stumpfen Messern.

Köche arbeiten oft viele Stunden am Tag mit dem Messer und da macht es einen Riesenunterschied, ob sie mit vielen „Kilopond" Druck oder nur mit dem Gewicht des Messers arbeiten. Das ist damit vergleichbar, mit einem leeren oder mit einem vollen Eimer Wasser in der Hand von A nach B zu gehen. Leider sind die unterschiedlichen Schliffe mit bloßem Auge nicht oder kaum zu erkennen und die Hersteller von „balligen" Klingen werden einen Teufel tun, zu verraten, dass ihre Klingen „ballig" sind. Besonders, wenn es sich um Messerserien für Köche handelt.

Was also ist zu tun, wenn man scharfe Messer kaufen und halten möchte? Drei Punkte sind zu beachten: 1. Der Preis. Teure Messer müssen nicht gut sein, gute Messer haben jedoch ihren Preis. Weit unter 100 Euro kann kein gutes Messer produziert werden. Außer vielleicht kleine Schälmesser, die gibt es in guter Qualität auch schon für um die 50 Euro.

2. Die Herkunft. Europäische Messer sind fast immer „ballig" geschnitten. Diejenigen, die den richtigen Schliff haben, sind hingegen fast unbezahlbar.

Asiatische Messer in der 100-Euro-Klasse sind meist aus gutem Stahl und richtig geschliffen. Bei gut eingeführten Marken wie GLOBAL, CHROMA type 301 Design by F.A. Porsche oder Haiku, Kasumi usw. kann man keine Fehler machen.

3. Der Umgang mit dem Schleifstein. Einmal gezeigt bekommen, ist es kinderleicht. Einfacher als der richtige Umgang mit dem Wetzstahl und 100fach effektiver. Sollten Sie niemanden haben, der es Ihnen zeigt, bestellen Sie sich eine Lehr-DVD oder sehen Sie sich eine Schleifanleitung im Internet an, z. B. auf der Seite von www.kochmesser.de

Ich könnte noch seitenweise interessante und wichtige Dinge über die Handhabung, Pflege und den Kauf sowie über das Material und die Herstellung von hochwertigen Messern schreiben, aber das würde den Rahmen des kulinarischen Alphabets sprengen.

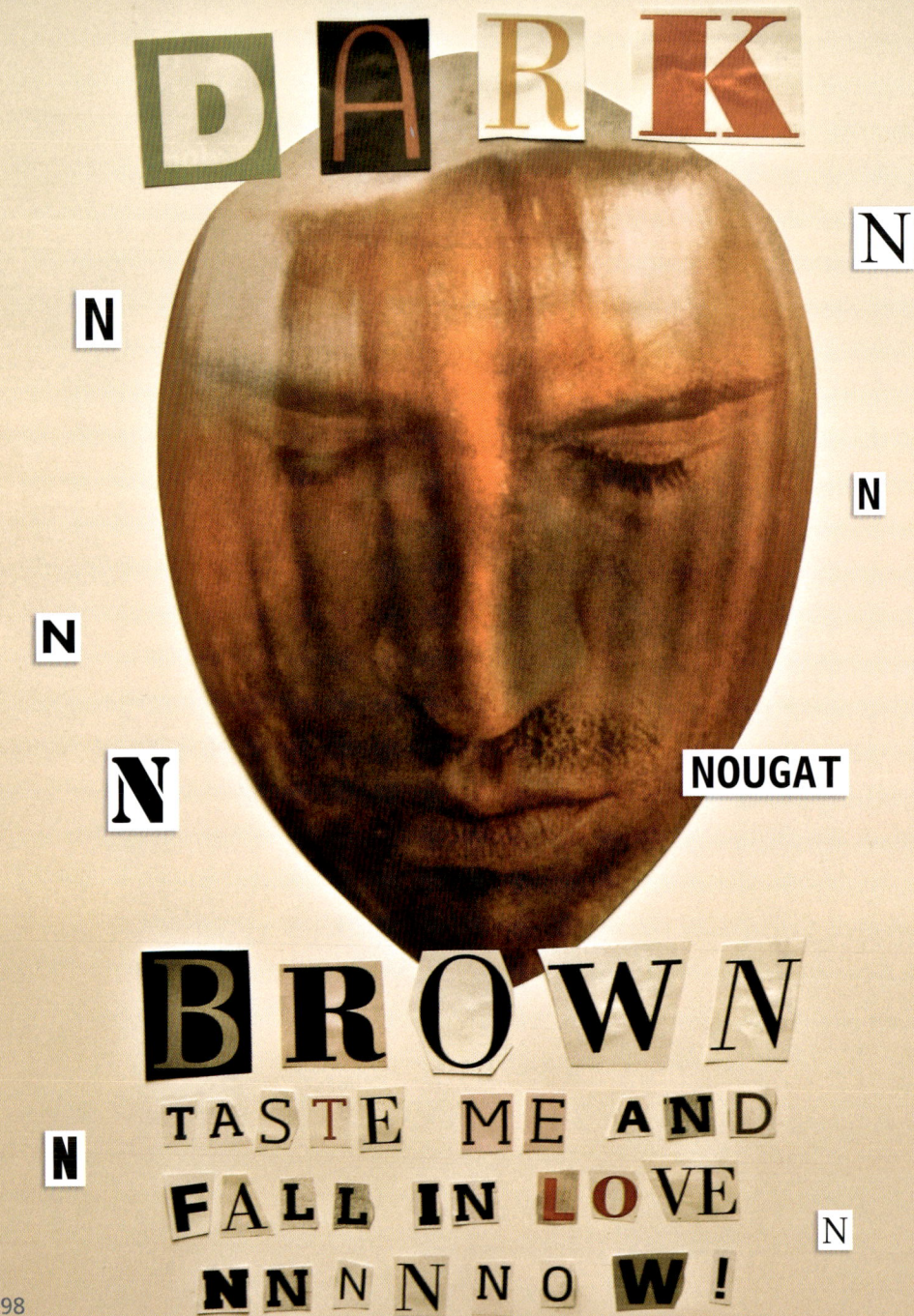

DARK

N N N N N

NOUGAT

N

BROWN
TASTE ME AND
FALL IN LOVE
NNNNNOW!

N WIE
NOUGAT

Hört sich jetzt erst einmal nicht so spannend an. Nougat, die süße Pralinenfüllung. Aber Nougat ist nicht nur das, es ist noch einiges mehr. Für den, der die ganze Geschichte kennt, ist es sogar sehr spannend. Seien Sie also gespannt.

Als Kind gab es bei uns nicht so oft Schokolade. Wenn, dann meist Vollmilch für die Kinder, Zartbitter für den Papa und mit Nougat gefüllte Schokolade für die Mama. Papas Schokolade mochten wir Kinder nicht, Mamas hingegen sehr. So kam es, dass meine Mutter von ihrer Schokolade nicht viel abbekam.

Später, als ich ins taschengeldfähige Alter kam und mir selber Schokolade kaufen konnte, futterte ich mir mit Nougatschokolade eine Menge Speck auf die Hüften und auch vor reinen Nougatriegeln machte ich nicht halt. Nussnougatcreme war für Jahrzehnte mein bevorzugter Brotaufstrich.

Noch heute sind in mir in die Hände fallenden Pralinenschachteln die Nougatpralinen die ersten, die verschwinden. Ich bin also ein bekennender Nougatfan. Für mich war eigentlich auch immer klar, Nougat sei die cremige Masse aus Haselnüssen und Zucker.

Hier fängt die spannende Geschichte an. Eigentlich ist die Bezeichnung „Nougat" ein Missverständnis oder eine langsam manifestierte Bezeichnung, die schlichtweg falsch ist.

Das Produkt, über das wir bisher gesprochen haben, ist eine Erfindung aus Turin. Es war zu einer Zeit erfunden worden, als Napoleon hohe Strafzölle auf Kakaobohnen erhoben hatte. Turiner Zuckerbäcker, damals schon große Spezialisten in der Schokoladenherstellung, ersetzten den teuren Kakaoanteil größtenteils durch ein günstigeres heimisches Produkt: die piemontesische Haselnuss. Um eine möglichst dunkle Farbe zu erreichen, wurden die Haselnüsse geröstet und zum Teil wurde der Masse noch vermahlener Haselnusskrokant untergemischt. Diese Masse heißt in der italienischen und in anderen romanischen Sprachen „Gianduia" oder „Gianduja". Schnell verbreitete sich dieses Erfolgsrezept in Europa. Das französische Wort für „Gianduia" ist Praliné und stand damit dem deutschen Wort „Praline" Pate.

Da hier jedoch das Wort „Praline" mit einem fertigen Produkt in Verbindung gebracht wurde, brauchte man für die Füllung der Praline, die ja in diesem Fall eigentlich „Praliné" ist, ein anderes Wort. Die eigentliche Bezeichnung „Nougat" stammt ebenfalls aus Frankreich und steht in ihrer ursprünglichen Form für eine Süßigkeit aus Montélimar. Dieses Nougat ist weiß und besteht zum größten Teil aus Zucker und aufgeschlagenem Eiklar und wird oft noch mit ganzen Nuss- oder Pistazienkernen angereichert.

Dieses Produkt diente dann, fälschlicherweise, in der deutschen Sprache als Namensgeber für das Gianduia.

Da das Montélimar-Nougat aber auch bei uns immer beliebter wurde, hat sich eingebürgert, dieses Nougat als „weißes Nougat" zu bezeichnen. Das Gianduia wird dementsprechend „dunkles Nougat" genannt.

Nicht genug der Verwirrung: Es muss noch erwähnt werden, dass sich auch beim „dunklen Nougat" zwei Varianten durchgesetzt haben. Das „helle Nougat" mit wenig Haselnusskrokant (sehr süß) und das „dunkle Nougat" mit viel Haselnusskrokant (nicht so süß). Helles Nougat ist also eigentlich helles-dunkles Nougat. Aber das ist Wortklauberei.

Zuerst einmal sei festgehalten: Es gibt Haselnussnougat in Hell und Dunkel und es gibt weißes Nougat aus Montélimar. Damit aber noch nicht genug.

Wer in den Orient fährt und dort Nougat angeboten bekommt, wird mit Türkischem Honig, oder wie man heute sagt, Turkish Delight, überrascht. Eine dem weißen Nougat ähnliche, jedoch schwerere und süßere Variante, die auch gerne einmal in knalligen Farben eingefärbt wird.

In Spanien hält man Turrón, eine mürbe Version aus Mandelmehl, Honig, Eiklar und Zucker für Nougat.

In Italien bekommt, wer Nougat bestellt, Torrone. Bei Torrone wird der Mandelanteil durch Haselnuss ersetzt.

Auch Portugal hat seine Version, sie heißt Torrão, in Persien gibt es Gaz und die Griechen haben ihr Halva.

Es gibt auch Versionen, bei denen das Eiklar durch Eigelb ersetzt wird, die bekannteste heißt Turrón de Yema und hat die Konsistenz von Marzipan.

Alle heißen dort, wo sie herkommen, Nougat und alle haben gemahlene Mandeln, Nüsse oder Nusskerne als Hauptbestandteile.

Damit kommen wir auf das Wort Nougat. Wo es genau herkommt, ist umstritten. Die gängigste Erklärung ist, es leite sich aus dem lateinischen „nux gatum" (also Nusskuchen) ab. Charmanter finde ich die Erklärung, es handele sich um das französische „tu nous gâtes" – also: „Du verwöhnst uns". Niemand weiß, welche Erklärung die richtige ist.

Allerdings sehr schnell herauszubekommen ist, dass es von all den vielen Varianten immer gute und schlechte Versionen gibt. Die eher schlechteren Versionen finden sich meistens in den Regalen der Discounter. Diese Teile sind zu 100 Prozent industriell hergestellt und schmecken zum Abgewöhnen. Die hochwertigen Versionen sind in guten Konditoreien und Feinkostgeschäften zu finden und werden handwerklich produziert.

Bei kaum einem anderen Lebensmittel ist die Handarbeit so wichtig wie bei Nougat und da besonders bei den weißen Varianten. Dabei wird das Eiklar schonend aufgeschlagen und der Puderzucker wird genau im richtigen Moment und in der richtigen Menge untergehoben. Das erfordert viel Erfahrung und Fingerspitzengefühl, da sich das Eiklar im Laufe des Jahres verändert und nicht immer gleich ist. Die bekannten Nougathersteller in Montélimar gelten dort als wahre Künstler und genießen höchstes Ansehen. Darf man diese Meisterstücke einmal probieren, ist größte Suchtgefahr angesagt. In den letzten Jahren durfte ich hunderte verschiedener weißer Nougats probieren und, um die Verwirrung auf den Höhepunkt zu treiben, kann ich mich nicht zurückhalten und muss Ihnen mitteilen, dass das beste aller weißen Nougats aus Südafrika stammt. Dort wird es von Sally Williams produziert und abseits der gängigen Rezeptur nicht mit Haselnüssen, Mandeln oder Pistazienkernen gefüllt, sondern mit Macadamianüssen. Ein Traum.

In allen Varianten ist Nougat jedoch nicht nur ein Naschwerk, sondern auch ein sensationeller Bestandteil vieler Desserts. Desserts mit Nougat auf der Speisenkarte wirken auf mich ebenso elektrisierend wie getrüffelte Hauptgänge. Das kommt nicht nur durch meine bereits gebeichtete Nougatliebe, sondern auch daher, dass diese Desserts meist wirklich köstlich sind. Eine neue Dimension köstlicher Nougatdesserts sind Kreationen aus weißem Nougat, die mit Hilfe eines Pacojets hergestellt werden. Davon ist mit Abstand das Pacojeteis aus Macadamianussnougat aus Südafrika die Krönung. Versprochen.

Ich glaube, meinem Versprechen, eine spannende Geschichte über Nougat zu erzählen, gerecht geworden zu sein und hoffe, Ihnen gleichzeitig Appetit auf neue Rezepte und Kreationen gemacht zu haben.

O WIE
OLIVENÖL

Schlendert man heute durch einen gut sortierten Supermarkt, findet man im Ölregal oft 15 bis 20 verschiedene Olivenöle. Es gibt Feinkosthändler und -geschäfte, die sich auf Olivenöl spezialisiert haben und oft über 100 verschiedene Sorten und Marken anbieten.

In keiner Kochshow im Fernsehen wird ohne Olivenöl gekocht und meist wird dort noch über die Vorteile dieses Lebensmittels philosophiert. In keiner Küche wird heute auf Olivenöl verzichtet. Das heißt nicht, dass in jeder Küche mit Olivenöl gekocht wird, aber vorhanden ist es auf jeden Fall.

Hierhin zu kommen war ein weiter und langer Weg. Begonnen hat dieser Weg vor etwa 20 Jahren. Damals gab es im Supermarkt so gut wie kein Olivenöl. Nur ethnische Feinkosthändler boten Olivenöl an und es hatte den Status, den heute vielleicht das Arganenöl hat. Nur sehr mediterran orientierte Küchen benutzten es. Wer es suchte, fand nur fürchterlich schmeckende Produkte großer italienischer Exportfirmen.

In dieser Zeit fing meine Liebe zum Olivenöl an. Da es in Deutschland keine appetitliche und wohlschmeckende Ware gab, begann ich, Olivenöl zu importieren. Es gab damals noch keine EU und so musste die erste Lieferung 1991 nicht nur kostspielig nach Deutschland transportiert werden, sondern auch noch umständlich verzollt werden. Um die Kosten zu minimieren, entschloss ich mich, eine große

Menge zu kaufen. 320 Literflaschen, um die zehn D-Mark pro Liter. Nächtelang konnte ich nicht schlafen, weil ich mir Gedanken machte, wer diese Riesenmenge kaufen sollte.

Es gab kein Produkt, für das ich so viel Überzeugungsarbeit leisten musste, wie für dieses Olivenöl. Heute verlassen etwa 600 Liter täglich die Läger meiner Firma und auch wir bieten weit über 100 verschiedene Olivenöle an. Probiert habe ich weit mehr als 3000 Olivenöle und es vergeht kaum ein Tag, an dem mir nicht ein neues Öl angeboten wird. In den letzten 20 Jahren habe ich an dutzenden von Lehrgängen, Symposien und Olivenölmessen teilgenommen. Zu guter Letzt habe ich mich zum Paneltester ausbilden lassen. Paneltester sind die Leute, die den sensorischen Teil der Olivenölbewertung übernehmen. Olivenöl ist nämlich eins der ganz, ganz wenigen Lebensmittel, die neben der chemischen Analyse auch noch eine sensorische Analyse benötigen, um eine der gefragten Qualitätsbezeichnungen zu bekommen.

Die höchste Qualitätsbezeichnung ist das „extra vergine". Das ist es auch, worum es in diesem Bericht geht. Alles andere sollte man generell vernachlässigen. Die deutsche Bezeichnung kann auch „natives Olivenöl extra" sein. In allen anderen Sprachen ist die Bezeichnung dem Original ähnlich, also „extra virgin" im Englischen oder „vierge extra" im Französischen.

Doch was bedeutet „extra vergine"? Das Wort „vergine" bedeutet Jungfrau. Olivenöl dieser Güteklasse ist in erster Linie so wie eine Jungfrau: unberührt. Das bedeutet, es darf weder chemisch manipuliert worden sein noch dürfen irgendwelche Zusatzstoffe hinzugefügt worden sein. Zudem darf es nicht wärmebehandelt worden sein, das heißt, es darf nicht unter Dampf erwärmt worden sein, um die unangenehmen Gerüche wegzubekommen.

Die Olive hat also auf dem Weg vom Baum in die Flasche keinerlei Zusätze erhalten und keinerlei Temperaturerhöhung erfahren dürfen. Das hat dem Olivenöl in früheren Zeiten auch oft den Zusatz „kalt gepresst" verliehen. Heute wird dieser Zusatz nicht mehr verwendet, da er diese Öle direkt in die zweite Liga transportieren würde. Gesetzlich ist geregelt, dass „extra vergine"-Öl ausschließlich mit mechanischen Mitteln hergestellt werden muss und keine Fehler in Geruch und Geschmack aufweisen darf. Zudem darf im Produktionsvorgang die Temperatur von 27 Grad Celsius nicht überschritten werden.

In alten Zeiten wurden die Oliven zwischen großen Mühlsteinen langsam zermahlen; die so hergestellte Olivenpaste wurde in Presskörbe gegeben und dann mit mehr oder weniger Druck ausgepresst. Die so gewonnene Flüssigkeit war eine Mischung aus Fruchtwasser und Olivenöl. Um diese Flüssigkeiten zu trennen, wartete man, bis sich das Öl an der Oberfläche absetzte und schöpfte es dann ab.

Diese Methode birgt viele Risiken. Das größte Problem ist der Sauerstoff: Je länger Öl und Sauerstoff, der sich im Wasser befindet, zusammen sind, desto schneller vollziehen sich schädliche Oxydationsprozesse. Aber hohe Anforderungen gelten schon bei der Ernte. Nur gesunde Oliven, die im richtigen Reifezustand geerntet und rasch verarbeitet werden, sind der Grundstoff für ein gutes Olivenöl.

Die meistverbreiteten Fehler der Olivenöle, die als „extra vergine"-Olivenöl verkauft werden, sind Wärmestichigkeit und essigsaurer Geschmack. Es handelt sich dabei um Folgen von Oxydations- und

Gärungsprozessen im Vorfeld. Das kann schon bei der Ernte der Olive passieren. Wie ein angebissener Apfel fault auch eine angeschlagene Olive sehr schnell. Nach der Ernte sind der Transport und die Lagerung der Olive ein Grund für die Oxidation der Früchte.

Da alle Oliven fast gleichzeitig geerntet werden, kommt es bei den Ölmühlen in der Erntezeit zu Engpässen. Oft müssen die Olivenölbauern tagelang warten, bis ihre Oliven vermahlen werden. In dieser Zeit geht der bei der Ernte begonnene Oxydationsprozess ungebremst weiter. Wenn jetzt noch eine ganz langsame Mühle diese Oliven mahlt und eine Presse die Flüssigkeit ganz langsam auspresst, verstärkt das diesen Prozess noch.

Das Problem ist bekannt und gute Produzenten tun alles, um bei jedem Schritt der Herstellung diese Oxidation zu vermeiden. Es fängt mit der Ernte an. Qualitätsöle werden von Hand geerntet, das heißt, sie werden mit Kämmen von den Ästen gestreift, ohne die Haut der Früchte zu verletzen. Danach werden sie auf kürzestem Wege zur Mühle gebracht. Diese Mühlen sind heutzutage keine großen Steinmühlen mehr, sondern hochmoderne Extraktionsanlagen, die unter gesteuerter Sauerstoffzufuhr in nur einem Arbeitsgang die Oliven vermahlen, kneten, das Olivenöl von Wasser und Fruchtfleisch trennen und das Öl direkt unter Sauerstoffausschluss in luftdichte Gefäße abfüllen.

Diese Öle haben bis dahin noch wenig Oxidation erfahren und sind oft noch zwei Jahre nach dem ersten Öffnen der Flasche beinahe so schmackhaft und lecker wie am ersten Tag. Diese Öle sind eben nicht „kalt gepresst", sondern „kalt bzw. unter 27 Grad Celsius extrahiert". Das ist also die erste Liga.

Aber bisher haben wir nur über die Technik gesprochen. In meinem kulinarisch-gastronomischen Alphabet geht es jedoch in erster Linie um die Kulinarik und den Geschmack. Jedes Olivenöl schmeckt anders. Das hat viele Gründe, wie verschiedene Sorten, verschiedene Anbaugebiete, verschiedene Herstellungsmethoden und Erntezeitpunkte von Oliven. Die Herstellungsmethoden haben wir schon besprochen. Der Erntezeitpunkt ist ein ebenso wichtiger Faktor, der die Qualität bestimmt.

Entgegen der landläufigen Meinung gibt es keine grünen und schwarzen Oliven. Alle Oliven sind am Anfang grün und werden mit der Zeit immer dunkler. Im Oktober sind die Oliven hellgrün und eigentlich noch unreif. In diesem Stadium sind aber noch die meisten der gesunden Inhaltsstoffe enthalten. Das Öl aus diesen Oliven ist in der Regel sehr pikant und würzig. Bleiben die Oliven am Baum hängen, werden sie immer dunkler, bis sie dann im März schon so richtig dunkel sind.

Das Öl, das aus diesen Oliven gewonnen wird, schmeckt eher süßlich. Leider ist in diesem Stadium kaum mehr etwas von den wertvollen Inhaltsstoffen in der Olive enthalten. Die Italiener haben eine sehr treffende Bezeichnung für dieses Produkt. Sie nennen es „überflüssiges Öl". Das täuscht jedoch nicht darüber hinweg, dass in unseren Breiten das mildere Öl beliebter ist als das pikante.

Das ist in erster Linie der Fall, weil wir mit Butter und Sahne als Speisefett groß geworden sind. Wenn es schon mal Öl sein musste, dann war es meist geschmacksneutrales Pflanzenöl. In südlichen Gefilden kann hingegen das Olivenöl nicht pikant genug sein. Denn dort werden schon kleine Kinder daran gewöhnt, dass das Speiseöl nicht nur ein Geschmacksverstärker, sondern auch ein Gewürz ist.

Ein weiterer Punkt, der sich stark auf den Geschmack auswirkt, ist die Olivensorte. Es gibt hunderte verschiedene Sorten und Kreuzungen. Alle haben ihren eigenen Geschmack. Ähnlich wie beim Wein geben Sorte, Boden und Klima den Olivenölen unterschiedliche Geschmacksnoten. Es ist ein wahres Vergnügen, verschiedene Olivenöle aus verschiedenen Regionen und aus verschiedenen Sorten zu kosten und sie in der Küche anzuwenden.

Möchte ein Olivenöl „extra vergine" auf seinem Etikett stehen haben, darf es nicht wärmebehandelt sein und muss ausschließlich aus frischen Oliven gewonnen worden sein. Das heißt, ein Öl, das später aus dem Presskuchen der ersten Produktion gewonnen wird, ist nicht mehr „extra vergine".

Der Gehalt an freien Säuren darf bei „extra vergine" 0,8 Prozent nicht überschreiten. Der freie Fettsäuregehalt, der unter 0,1 Prozent liegen kann, ist einer der wichtigsten Parameter für den Allgemeinzustand des Olivenöls. Je niedriger er ist, desto intakter, fruchtiger und frischer ist das Olivenöl. Ein Olivenöl mit einem freien Fettsäuregehalt von z. B. 0,6 Prozent ist zwar eindeutig ein „extra vergine", aber kein Spitzenöl. Bei der sensorischen Prüfung wird zuerst auf Fehler geachtet. Riecht oder schmeckt ein Öl muffig, wurmig, ranzig, schlammig, stechend oder nach Essig, wird der Grad des Defekts geprüft. Dafür haben die Paneltester eine Skala von 0 bis 10 zur Verfügung. Um ein „extra vergine" zu sein, darf ein Öl nicht einmal einen minimalen Defekt aufweisen. Weist es einen Fehler bis zu 3,5 von 10 auf, dann ist es ein bloßes „vergine". Weist es einen Defekt von über 3,5 auf, dann ist es ein „Lampantöl" und darf laut Norm nicht als Lebensmittel verkauft werden.

Fehlerfreie Öle werden danach als erstes auf Fruchtigkeit getestet. Die Skala reicht von 0 = „nicht fruchtig" bis 10 = „sehr fruchtig". Nach den Richtlinien muss die Fruchtigkeit größer als 0 sein. Geprüft wird sie mit der Nase. Hierzu werden die Paneltester in kleinen Boxen, voneinander getrennt, mit Ölmustern in farbigen Gläsern bestückt. Die Tester müssen jetzt anhand des Geruchs die Öle zwischen 0 und 10 einordnen. Ein Panel besteht immer aus mehreren Testern und ein Test ist nur dann gültig, wenn die Testergebnisse annähernd deckungsgleich sind. Was allerdings fast immer der Fall ist.

Der Grad der Fruchtigkeit hängt vom Erntezeitpunkt, der Sorte, der Extraktionsanlage sowie vom Boden und Klima ab. Sie ist eines der wichtigsten, wenngleich nicht das einzige, Qualitätskriterium.

Der zweite Test bestimmt die Bitterkeit des Öls. Hierzu wird das Öl mit leicht vorgebeugtem Kopf in den Mund genommen und dann wird durch den Mund leicht eingeatmet. Dabei kann man an den Flügeln der Zunge spüren, wie bitter das Öl ist. Auch hier reicht die Skala von 0 bis 10, also von „nicht bitter" bis „sehr bitter". Zum Schluss wird die Schärfe bestimmt. Sie ist in der Kehle zu spüren. Man muss das Öl also hinunterschlucken. Hier gilt ebenfalls die Einteilung von 0 = „nicht scharf", bis 10 = „sehr scharf". Auch bei den Punkten Bitterkeit und Schärfe gilt nicht „mehr = besser" oder „weniger = schlechter". Hier ist nur wichtig, dass Schärfe und Bitterkeit möglichst denselben Wert erhalten, da nur Olivenöle, die ähnlich bitter wie scharf sind, harmonisch schmecken.

Neben der Fruchtigkeit ist vor allem auch die Ausgeglichenheit zwischen fruchtig, scharf und bitter ein wesentliches Qualitätsmerkmal von Spitzenölen.

Bei der Verkostung werden auch noch wünschenswerte Geschmacksnuancen wie z. B. Banane, Gras oder Apfel notiert. Diese Verkostungszeugnisse liegen den Produzenten vor und werden auf Wunsch mitgeteilt. Das könnte dem geneigten Benutzer die Auswahl erleichtern, sagt aber nichts über den individuellen Geschmack des Benutzers aus. Deswegen stehen diese Daten auch so gut wie nie auf dem Etikett des fertigen Produkts. Es ist auch abwegig, zu behaupten, Öle aus einem bestimmten Land seien prinzipiell besser oder schlechter als Öle aus einem anderen Land. In jedem Land gibt es fantastische Ölproduzenten und schlechte Ölproduzenten – wenn auch die europäischen Mittelmeerländer ein im Durchschnitt höheres Qualitätsniveau als afrikanische Produzenten oder Produzenten aus dem Nahen und Mittleren Osten haben. Das liegt vornehmlich an der besseren Technik europäischer Produzenten. Bei uns gibt es neben den „extra vergine"-Olivenölen noch zwei weitere Olivenölkategorien im Handel. Es sind die „nativen" Olivenöle, die einen freien Säuregehalt von bis zu 2 Prozent und kleine Fehler aufweisen dürfen sowie das „raffinierte" Olivenöl. Auf diese beiden Öle möchte ich hier nicht eingehen und Ihnen nur den Hinweis geben, diese Öle nur zum Braten zu benutzen und auf keinen Fall kalt zu verarbeiten.

Abschließend möchte ich noch festhalten, dass Olivenöl ein sehr spannendes und wertvolles Lebensmittel ist, das wirklich in keiner Küche fehlen sollte. Benutzt werden in der Regel jedoch nur Öle von höchster Qualität. Die mäßigen und schlechten Öle fristen ihr Dasein meist in den dunklen Ecken des Küchenschranks, bis das abgelaufene Haltbarkeitsdatum sie aus diesem dunklen Gefängnis befreit und sie den verdienten Weg in den Mülleimer antreten. Nicht nur aus diesem Grund ist übertriebene Sparsamkeit beim Olivenölkauf kontraproduktiv. Die Herstellung von gutem Olivenöl ist teuer. Davon ist zumindest abzuleiten, dass billiges Olivenöl nicht gut sein kann. Andersherum funktioniert diese Gleichung leider nicht. Soll heißen: Teures Olivenöl ist nicht gleichzeitig gut. Dieser Bericht wird es Ihnen aber mit Sicherheit erleichtern, Ihr Lieblingsöl zu finden und das ist es, was ich wollte.

Mit Unterstützung von:
Amadeus Löw, in Italien diplomierter Olivenölverkoster/Paneltester, www.gustarte.it

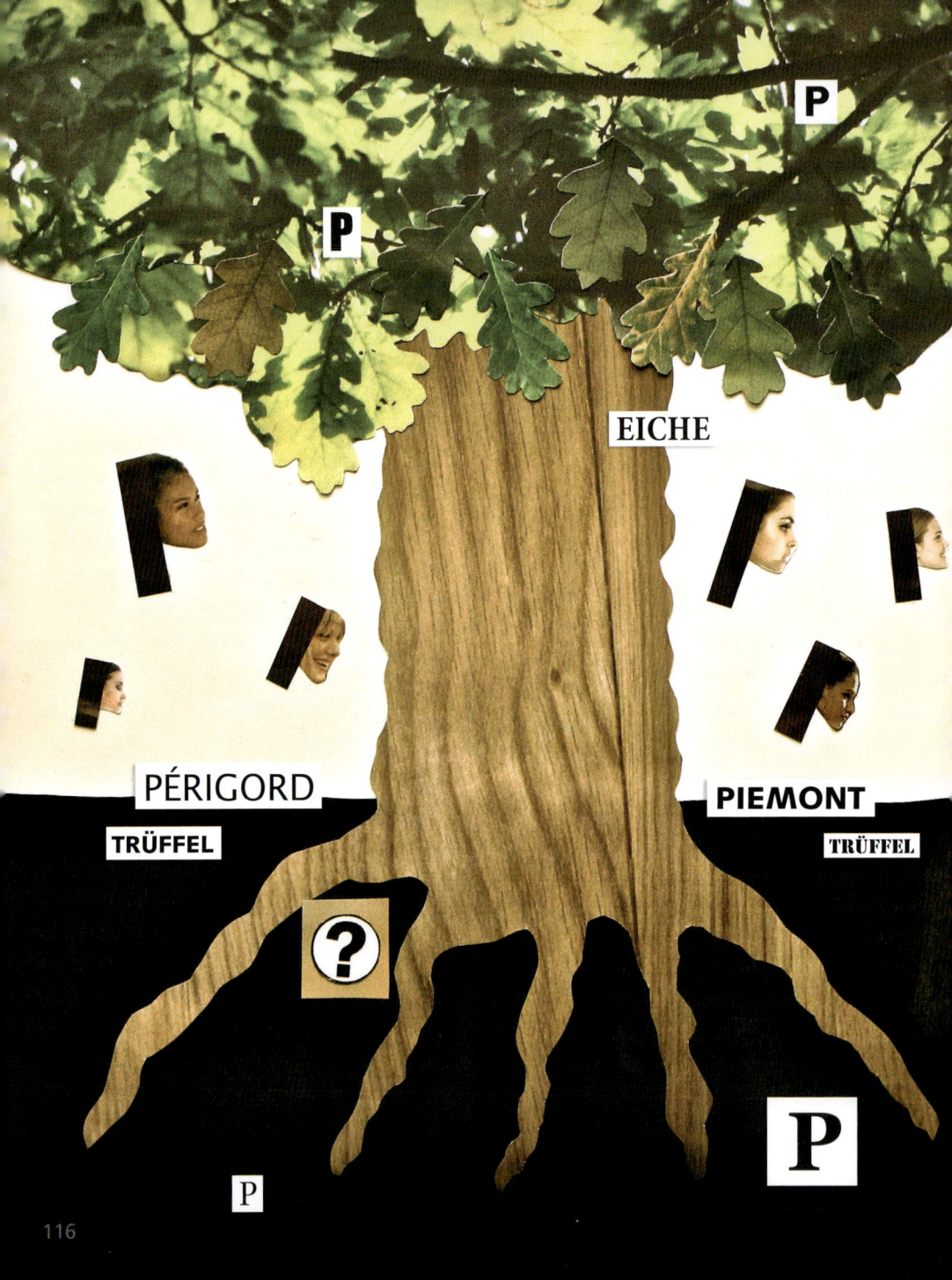

P WIE
PÉRIGORD- VS.
PIEMONT-TRÜFFEL

Der besondere Zauber, den der Trüffel ausübt, beruht vielleicht nicht auf seinem Geschmack, seinem Geruch, seiner Seltenheit oder gar seinem Preis. Er beruht vielleicht darauf, dass diese Delikatesse im direkten Vergleich mit ihren „Kollegen", den anderen Superdelikatessen, als einzige von Anfang bis Ende nur Spaß und Vergnügen bereitet.

Verglichen mit Kaviar, Austern, Hummer und Gänsestopfleber gibt es beim Trüffel keinen Leidtragenden. Er bringt allen nur Glück: Der Hund, der ihn findet, wird beim Spazierengehen überschwänglich belohnt und gelobt. Der Trüffelsucher bekommt einen ordentlichen Batzen Geld dafür. Die Händler handeln mit einem begehrten Gut. Die Köche zaubern ein fantastisches Essen daraus und der Gast darf es genießen. Eine Wertschöpfungskette ohne Leid und ohne Schmerz. Bei keiner anderen Delikatesse ist es auch nur annähernd ähnlich. Der Kaviar fordert den Tod des Störs, die Auster wird lebendig gustiert, der Hummer endet lebend im kochenden Sud und ob die Gans das Stopfen so richtig lustig findet, ist auch noch nicht geklärt.

Sicher ist dies die Quintessenz aus einem fast 20-jährigen Studium dieses unterirdischen und in Symbiose mit Baumwurzeln wachsenden Schlauchpilzes. Aber nicht nur ich bin von diesem Pilz fasziniert und gefesselt, alle großen Köche haben eine Affinität zum Trüffel, sowohl die alten Meister der Kochkunst wie Jean Anthelme Brillat-

Savarin (1755–1826) und Auguste Escoffier (1846–1935) als auch die ganz Großen der Gegenwart. In Eckart Witzigmanns Biografie „Hamlet am Herd" taucht das Wort „Trüffel" 21mal auf, obwohl kein einziges Kochrezept in diesem übrigens äußerst lesenswerten Buch zu finden ist.

Die Liebe zum Trüffel ist bei allen großen Köchen gleich, die Trüffel selbst jedoch nicht, sie können sehr unterschiedlich sein. Es gibt insgesamt circa 300 bekannte Trüffelsorten, von denen etwa zehn Sorten gehandelt werden.

Diese teilen sich in „kulinarisch wertvolle" und in „kulinarisch vertretbare" Trüffeln auf. „Kulinarisch wertvoll" sind nur zwei Sorten: der weiße Trüffel *(tuber magnatum Pico)*, der auch „Albatrüffel" oder „Piemonttrüffel" genannt wird, und der schwarze Trüffel *(tuber melanosporum Vitt.)*, der unter den Namen „Winteredeltrüffel" oder „Périgordtrüffel" gehandelt wird.

Es sind diese beiden, um die es immer geht. Sie sind es, die es schaffen, aus Trüffelessern Trüffeljunkies zu machen, die sich nicht scheuen, eine Strecke von vielen Hundert Kilometern auf sich zu nehmen, um noch einmal den Zauber des einmaligen Moments – der ersten Begegnung mit dem Trüffel – zu wiederholen.

Die meisten Leute, die ich kenne und die keine Trüffeljunkies sind, finden Trüffeln nicht so richtig toll. Geht man mit diesen Nicht-Trüffeljunkies ins Detail, haben sie ihre Erfahrungen mit Trüffeln auch nicht im Piemont, im Périgord oder in einem ambitionierten Sterne- oder Haubenrestaurant gemacht.

Vielmehr wurde die Erfahrung beim Italiener an der Ecke oder in einem weniger ambitionierten, dafür aber preisgünstigen Restaurant gemacht. Diese beiden Kategorien haben jedoch mit den beiden Trüffelsorten der „kulinarisch wertvollen" Kategorie nichts zu tun. Dort wird in der Regel mit den „kulinarisch vertretbaren" Sorten wie Sommertrüffel oder Asiatrüffel gekocht. Diese sehen zwar aus wie gute Trüffeln und fühlen sich auch an wie gute Trüffeln, haben aber, was Duft und Geschmack angeht, mit guten Trüffeln nicht viel gemein.

Zudem stellen gute Trüffeln eine Anforderung an den Koch: die Portionsgröße. Der Kardinalfehler kann in diesem Fall Sparsamkeit sein. Ein Risotto mit weißem Trüffel, auf dem die Trüffelscheiben in homöopathischer Menge angeordnet sind, ist verschenkte Zeit und verschenkte Energie.

Als Kernsatz des Trüffelns gilt: „Die zu trüffelnde Speise darf unter den Trüffeln nicht mehr zu sehen sein." Nur wer diesen Kernsatz befolgt und den richtigen Trüffel benutzt, wird dem Zauber des Trüffels auf die Spur kommen. Hauchdünn sollte er gehobelt werden und tagfrisch sollte er sein, dann bedarf es nur noch eines guten Öls, einer guten Butter oder etwas frischer Sahne an die zu trüffelnde Speise zu geben und der Weg zum totalen Genuss ist frei.

Nun stellt sich natürlich als Erstes die Frage, welcher ist denn nun besser – der schwarze oder der weiße Trüffel? Gerne würde ich diese Frage klar beantworten, aber das ist nicht so leicht. Über diese Frage haben sich schon Familien zerstritten, Dörfer entzweit und Kontrahenten krankenhausreif geschlagen, ohne zu einem eindeutigen Ergebnis zu kommen. Deswegen habe ich eine für mich gültige, eigene Wahrheit, an der ich Sie gerne teilhaben lasse. Hierzu sollten wir der Beurteilung der Trüffeln verschiedene Faktoren zugrunde legen:

Faktor 1: der Duft

Der Duft frischer weißer Trüffeln ist dermaßen überwältigend und raumfüllend, dass sich niemand seinem Bann entziehen kann. Es gibt in der Natur nur wenige Pflanzen, die einen ähnlich starken und sinnesbetörenden Duft verströmen wie die weißen Trüffeln. Ihn zu beschreiben ist müßig, da immer wieder nur vage Ähnlichkeiten wie mit Knoblauch oder Moschus angeführt werden können, die aber den wahren Duft der weißen Trüffeln in keiner Weise gerecht werden. Der weiße Trüffel riecht nach weißem Trüffel, das aber in vollster Konsequenz. Der Duft schwarzer Trüffeln ist verführerisch und lieblich, ein wenig süß und ein bisschen erdig, jedoch Lichtjahre von der „machohaften" Präsenz des weißen Trüffels entfernt.

Käme es hier zu einer Bewertung, wäre der weiße Trüffel der klare Sieger.

Faktor 2: der Geschmack

Während der Duft weißer Trüffeln eine wahre Geschmacksgranate ankündigt, ist der Geschmack in Wirklichkeit, um es freundlich auszudrücken, eher hintergründig. Ja, man schmeckt ihn schon, den weißen Trüffel, aber eher wie einen Windhauch oder ein weiches Tuch auf der Haut und nicht wie einen Sturm oder eine Lederpeitsche, wie sein Duft verkündet. Hier im Land des Geschmacks ist der schwarze Trüffel zu Hause. Hält er sich beim Geruch auch noch ein wenig zurück, lässt er beim Geschmack die „Muskeln" spielen. Ganz ohne die geringste Spur von Bitterkeit oder anderen unangenehmen Nuancen ist der Geschmack des schwarzen Trüffels ein Füllhorn betörender Aromen, das er nicht nur in sich trägt, sondern auch verschwenderisch verteilt.

Hier macht der schwarze Trüffel ganz klar seinen Punkt.

Faktor 3: die Saison

Die ersten weißen Trüffeln werden bereits Ende August gefunden, es dauert jedoch noch gute sechs bis acht Wochen, bis die Zeit für sie gekommen ist. Ab Mitte Oktober bis Ende Dezember ist der weiße Trüffel auf seinem Zenit. Nur in dieser Zeit und wenn der weiße Trüffel aus der richtigen Gegend, nämlich aus der Emilia Romagna oder aus dem Piemont, stammt und zudem nur wenige Tage alt ist, wird man dem richtigen Zauber dieser Pflanze begegnen. Dann aber wird er Sie fangen und nie wieder loslassen. Anfang Dezember gibt es zwar auch schon die ersten schwarzen Trüffeln, aber auch diese sind noch nicht auf dem Höhepunkt ihrer Reife. Erst von Ende Januar bis Ende März zeigt der schwarze Trüffel, was er kann und das ist auch die Zeit, ihn zu essen. Der schwarze Trüffel ist etwas langlebiger als sein weißer Bruder. Er hält sein Aroma bis zu zehn Tage, sollte aber aus den in seinem Fall zu bevorzugenden Gegenden Périgord und nördliche Provence stammen.

Hier gibt es keinen Sieger, hier macht jeder einen Punkt.

Faktor 4: die Küche

Wir haben gelernt, dass der weiße Trüffel mehr Duft als Geschmack und der schwarze Trüffel mehr Geschmack als Duft hat. Das Verhältnis ist in beiden Fällen etwa 4:1 oder in Prozenten gerechnet 80 Prozent Duft und 20 Prozent Geschmack für den weißen Trüffel, 80 Prozent Geschmack und 20 Prozent Duft für den schwarzen Trüffel. Wenn Sie jetzt glauben, der schwarze Trüffel würde besser schmecken, nur weil er mehr Geschmack hat, dann sind Sie leider schief gewickelt. Denn „guten Geschmack" setzt unser Gehirn immer aus einer Mischung aus Duft und Geschmack zusammen. Wie perfekt unser Gehirn diese Aufgabe umsetzt, unterstreicht ein Test mit bitterer Medizin, die ihren Schrecken verliert, hält man sich beim Trinken die Nase zu. Das Trüffelerlebnis ist also immer eine Mischung aus Duft und Geschmack. Duft und Geschmack verhalten sich jedoch total unterschiedlich. Während der Duft, flüchtig wie Parfüm, die Hitze meidet und bei stärkerer Erwärmung im wahrsten Sinne des Wortes verduftet, liebt der Geschmack die Hitze. Erst bei Wärme kann er sich entfalten und nur bei langen Kochzeiten können die Aromen an die anderen Protagonisten im Topf weitergegeben werden. Daraus ergibt sich: Der weiße Trüffel darf nicht zu stark erhitzt werden. Sein stärkstes Aroma entwickelt er bei 50 bis 60 Grad Celsius und das auch nur für kurze Zeit. Für die Zubereitung bedeutet das: Nach dem Servieren den Trüffel roh über das fertige, heiße Essen hobeln. Da der Geschmack nicht besonders kräftig ist, empfiehlt es sich, auf komplizierte oder stark gewürzte Speisen zu verzichten und sich an die Basics wie Spiegelei mit Spinat, Pasta mit Sahnesauce, Risotto, Polenta oder Fonduta zu halten.

Der schwarze Trüffel hingegen liebt es, in der Sauce mitgeköchelt oder unter der Haut von Geflügel mitgebacken zu werden. Erst mit der Zeit verschenkt er sein Aroma und alle Speisen, die mit ihm gegart werden, verwandeln sich in Delikatessen. Auch bei schwarzen Trüffeln sollte man beim Würzen mit anderen Aromabomben zurückhaltend sein – jedoch nicht zu sparsam, da der schwarze Trüffel ein sehr guter „Teamspieler" ist.

Auch in diesem Fall würde ich sagen: beides superlecker, jeder einen Punkt.

Faktor 5: der Preis

Natürlich fährt einem der Schreck in die Glieder, wenn man für ein Kilo Pilze 5000 Euro zahlen soll. Aber beim Trüffel interessiert der Kilopreis den Großhändler, für alle anderen ist nur der Portionspreis relevant. Wie groß ist denn so eine Portion Trüffel? Natürlich ganz unterschiedlich. In einer Vorspeise mit weißen Trüffeln reichen je nach Größe der Vorspeise oft schon vier bis fünf Gramm, bei einem Pastagericht als Hauptgang sollten jedoch schon 15 Gramm oder mehr eingeplant werden. Bei schwarzen Trüffeln ist es empfehlenswert, immer mindestens doppelt so viel zu rechnen, um ein adäquates Resultat zu erzielen. Besonders bei Gerichten, bei denen der schwarze Trüffel am Ende der Zubereitung nur über das fertige Gericht gehobelt wird, sollte der Trüffel aufgrund des hier „ungünstigen" Duft-Geschmack-Verhältnisses auf keinen Fall zu sparsam verwendet werden. Bei Gerichten, bei denen schwarze Trüffeln mitgekocht werden, kann man ebenfalls kaum großzügig genug sein. Hier ist mehr tatsächlich mehr. Der Preis weißer Trüffeln ist in der Regel dreimal so hoch wie der schwarzer Trüffeln. Das heißt, kosten weiße Trüffeln 5000 Euro pro Kilo, dann kosten schwarze Trüffeln in der folgenden Saison ca. 1800 Euro pro Kilo. Wie hoch der Preis in der kommenden Saison tatsächlich sein wird, das entscheiden – wie jedes Jahr – Angebot und Nachfrage. In Jahren mit schlechten Erträgen ist der Preis oft irrsinnig hoch, doch Gott sei Dank sind diese Jahre eher selten. Da die weißen Trüffeln dreimal so teuer sind wie die schwarzen, man jedoch kaum mehr als die doppelte Menge der schwarzen Trüffeln braucht, um ein gleichwertiges Ergebnis zu erzielen, steht mathematisch der schwarze Trüffel etwas besser da. Der weiße Trüffel ist jedoch das teuerste Lebensmittel der Welt und, Hand aufs Herz, macht es uns nicht eigentlich ein bisschen stolz und auch ein wenig froh, sich zumindest ab und zu mal das teuerste Lebensmittel der Welt leisten, es genießen und vielleicht Ihre Liebste oder Ihren Liebsten damit verwöhnen zu können?

Aus diesem Grund würde ich auch hier jedem der beiden Trüffeln einen Punkt geben.

Resümee:

Alles läuft auf ein Unentschieden hinaus. Trotzdem gibt es einen Sieger: den Gourmet.

Hält er sich an alle naturgegebenen Voraussetzungen und fällt nicht auf billigen Krempel herein, hat er durch den Trüffel die Möglichkeit, die ultimative kulinarische Erfahrung zu machen. Ich würde mich für ihn darüber freuen.

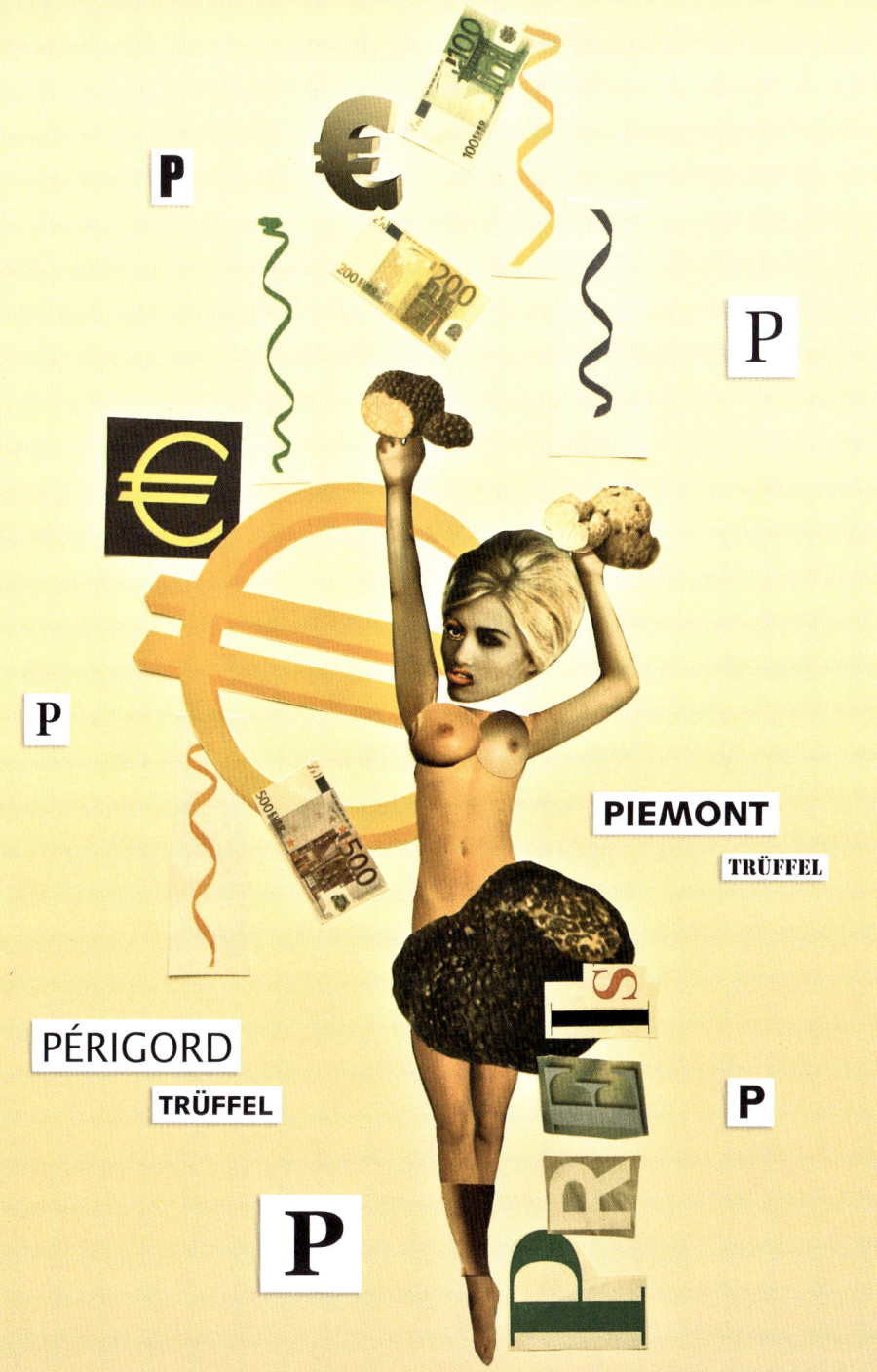

Q Q

Q KUH IMI QUH

Q Q

Q

Q

Q

QIMIQ

Q

Q WIE
QIMIQ

Bei der Aufgabenstellung, einen Eintrag mit dem Buchstaben „Q" zu schreiben, kam mir als erstes die Idee – den überspringe ich. Es gibt zwar viele Lebensmittel und Getränke, die mit „Q" anfangen wie z. B. Quinoa, Quitte, Quark, Qualitätswein oder Quellwasser. Kein Produkt davon ist aber in meiner Welt so zu Hause, dass ich es mit gutem Gewissen beschreiben könnte. Na ja, über Qualitätswein vielleicht; aber das wäre dann irgendwie zurechtgebogen, damit es zum Buchstaben „Q" passt. Das Ziel dieser Berichte ist es jedoch, Ihnen Lebensmittel, Techniken, Trends oder Getränke näherzubringen, die Sie beruflich oder kulinarisch weiterbringen. Immer vom Standpunkt des erfahrenen Delikatessen- und Gastronomiespezialisten aus gesehen. Bei den oben genannten Begriffen müsste ich jedoch meinen Ansprüchen untreu werden. Deshalb mein Gedanke, diesen Buchstaben zu überspringen.

Ich bin froh, es nicht getan zu haben. Denn das Produkt, über das ich hier schreibe, erfüllt die Ansprüche dieser Berichtsserie. Es ist sowohl ein Lebensmittel als auch eine Technik und vielerorts bereits ein Trend. Zu guter Letzt bringt es den, der es versteht und vernünftig einsetzt, beruflich oder kulinarisch weiter. Zur Definition von „es bringt jemanden beruflich weiter" möchte ich noch Folgendes anfügen: Nach meiner Erfahrung gibt es einen gemeinsamen Nenner, der erfolgreiche Gastronomen vereint. Bei allen erfolgreichen Gastronomen ist das Ereignis auf dem Teller besser als erwartet. Je häufiger dieser Fall eintritt, umso erfolgreicher ist der Gastronom in der Regel. Deshalb kann ich hier, wie in meinem Berufsleben, nur eine Konsequenz daraus ziehen: Ich möchte Ihnen Produkte und Techniken näher bringen, die das Erlebnis auf dem Teller (oder im Glas) steigern. Das Produkt, über das ich hier schreibe, erfüllt diese Ansprüche in vielerlei Hinsicht. Auch wenn ich befürchten muss, dass sich bei diesem Bericht die Leserschaft in zwei Gruppen teilt, möchte ich Ihnen genau erklären, worum es sich handelt.

Wie Sie in der Überschrift gelesen haben, handelt es sich um *QimiQ* – einen schnittfesten Rahm aus Österreich. Die erste Gruppe der Leser, nämlich diejenigen aus Österreich, werden sich wundern, dass ich hier mit so einem „alten Hut" ankomme, den in Österreich jedes Kind kennt, und versuche, *QimiQ* als Neuheit zu verkaufen. Die deutschen Leser werden sich hingegen fragen, schnittfester Rahm? Was soll das denn sein? Die Ursache für den in Deutschland und Österreich so unterschiedlichen Bekanntheitsgrad dieses Produkts liegt im Marketing, das die Hersteller von *QimiQ* in den ersten Jahren nach der Markteinführung so vor etwa zehn Jahren ausschließlich in Österreich betrieben haben. Dort wurden Hunderte, vielleicht sogar Tausende von Köchen im Umgang mit *QimiQ* geschult. Diese wiederum haben das Produkt dann in der ganzen Welt bekannt gemacht. Österreichische Köche sind ein begehrtes Exportgut. Weltweit gibt es Legionen von Köchen und Küchenchefs aus Österreich. Ob im Mittleren oder Fernen Osten, in Amerika, Südafrika oder Australien, in den guten Häusern sind Mitglieder der Kochbrigade unglaublich oft Österreicher. Nur in Deutschland, da sind sie selten. Die wenigen, die sich trauten, ihr Glück in Deutschland zu suchen, haben zwar einen unglaublichen Ruf, wie z. B. Eckart Witzigmann, Heinz Winkler, Franz Raneburger, Johann Lafer oder ganz aktuell Mario Lohninger, Koch des Jahres 2011.

Die meisten österreichischen Köche tauschen ihr wunderschönes Land jedoch gegen ein exotisches Ziel oder gegen ein Land, in dem in der Gastronomie gutes Geld zu verdienen ist. Da steht Deutschland in beiden Kategorien nicht auf der Liste. So kommt es, dass *QimiQ* allein über die Verbreitung durch österreichische Köche weltbekannt, aber in Deutschland fast unbekannt ist.

Was ist dieser schnittfeste Rahm? Sie wissen sicher, was Sahne ist: Milchfett und Molke in einem Verhältnis von etwa 1 (Milchfett) zu 2 (Molke). Sahne ist flüssig und lange genug geschlagen, trennt sich das Fett wieder von der Molke und neben der Molke entsteht Butter. Milchfett und Molke bilden in ihrer flüssigen Form eine Emulsion. Eine Emulsion ist die Verbindung von zwei normalerweise nicht mischbaren Flüssigkeiten wie z. B. Öl und anderen Flüssigkeiten. Damit sich diese Verbindung nicht trennt, werden Emulgatoren gebraucht. In der Molke sind von Natur aus Emulgatoren enthalten, da in der Milch immer ein Anteil von ca. 3,8 Prozent Fett enthalten ist.

Würde der Fettanteil verzehnfacht, stießen die natürlichen Emulgatoren an ihre Grenzen.

Der hohe Fettanteil ist der Grund, warum mit Sahne verfeinerte Speisen so gut schmecken. Das Fett erlaubt den Speisen, auf der Zunge mehr Geschmacksknospen zu berühren. Es macht sie sozusagen breiter.

Die schwachen Emulgatoren sind hingegen der Grund, warum sich Speisen mit hohem Sahneanteil oft trennen: Saucen gerinnen, Desserts verlieren Flüssigkeiten, hohe Empfindlichkeit gegen Säure und Alkohol und kurze Standzeiten sind die Folgen.

Fett an sich ist in allen Speisen gut. Gut für den Geschmack und gesund für die Ernährung. Obwohl Fett in den vergangenen Jahrzehnten viel Böses nachgesagt wurde, ist es – nach dem heutigen Stand der Wissenschaft – oft auch gut. Was hingegen nicht gut ist, sind Transfettsäuren, wie sie häufig in Margarine und Pflanzencreme vorkommen. Was auch nicht gut ist, ist der Verzehr zu großer Mengen Fett. Das schlägt sich auf den Hüften nieder.

Beim Abwägen der Vor- und Nachteile von Sahne wäre die logische Konsequenz, ein Produkt zu erfinden, das in erster Linie die geschmackliche Breite und Güte von Sahne hat, aber weniger Fett. Die Emulgatoren sollten stark genug sein, alles binden und die Bindung sehr lange halten zu können, auch wenn Säuren und Alkohol in den Speisen enthalten sind.

Zu guter Letzt sollten keine Transfettsäuren oder noch besser, gar keine Stoffe in diesem Produkt enthalten sein, die nicht auch in frischer Milch enthalten sind.

Jetzt sind wir da, wo ich hin will: beim *QimiQ*. Mit der oben aufgeführten Problematik setzten sich die beiden Gründer von *QimiQ* – Rudolf Haindl, der schon Anfang der 1990er-Jahre den Pacojet erfunden hatte, und Hans Mandl – bereits 1992 auseinander. Nachdem sie drei Jahre getüftelt hatten, gründeten sie 1995 die Firma *QimiQ* und es dauerte noch fast fünf Jahre, bis das erste Päckchen *QimiQ* im Jahr 2000 verkauft wurde.

Bis auf ein Prozent Gelatine wird für dieses Produkt nur Sahne verwendet. Alle Probleme wurden beseitigt, indem das verletzliche Milchprotein mit Milchfett ummantelt und komprimiert wurde und die so gewonnenen Sahnepartikel mit einer hauchdünnen Gelatinehaut umschlossen wurden. Hört sich kompliziert an, ist es auch.

In Zentrifugen wird dieser Vorgang rein mechanisch durchgeführt und es wird auf jegliche Zusätze verzichtet. Die höhere Dichte des Produkts in Kombination mit Gelatine hat zur Folge, dass es bei Zimmertemperatur noch schnittfest ist und erst bei Körpertemperatur schmilzt. Diese höhere Dichte hat auch zur Folge, dass es trotz seines geringen Fettgehalts von nur 15 Prozent dieselbe geschmackliche Breite erzeugt wie eine normale Sahne mit einem Fettgehalt um 35 Prozent. *QimiQ* ist also eine echte Sahne mit weniger Fett und hat trotzdem den kulinarischen Wert des Originals.

Die so erzeugte Emulgationskraft ist aber um ein Vielfaches höher. So trennen sich mit *QimiQ* verfeinerte Speisen auch nach langer Standzeit nicht mehr und Flüssigkeiten treten nicht mehr aus. Auch Speisen mit Zitronensaft, Essig oder Alkohol lassen sich mit dieser Sahne verfeinern und bleiben, sehr zur Freude der Gastronomen, sehr lange stabil. Ein weiterer Vorteil von *QimiQ* ist die Unempfindlichkeit gegen Hitze und Kälte. „*QimiQ*fizierte" Produkte lassen sich sowohl backen oder kochen als auch über längere Zeit einfrieren.

Mit der Basisvariante *QimiQ* Classic lassen sich so Speisen herstellen, die einen sahnigen Geschmack und eine gute Bindung brauchen. Das sind z. B. Pasteten und Terrinen, Dips, backstabile Füllungen, Aufstriche, Dressings und Mayonnaisen ohne Ei. Egal ob süß oder pikant.

Es gibt noch eine weitere Variante, *QimiQ* Whip, das verwendet wird, wenn gleichzeitig noch Volumen erzeugt werden muss. Beim *QimiQ* Whip vergrößert sich das Volumen durch das Aufschlagen bis zu seinem Dreifachen. Im Gegensatz zu Sahne ist *QimiQ* Whip jedoch nicht überschlagbar. Auch lassen sich alle Zutaten gleichzeitig in einem Kessel aufschlagen und da die Gelatine bereits enthalten ist, entfällt auch das lästige Auflösen von Gelatine; das gilt ebenso für die Verwendung von *QimiQ* Classic.

Ich könnte Ihnen jetzt noch eine lange Liste von Vorteilen gegenüber der Sahne nennen, wie z. B. das Rührei, das im Chafing-Dish nicht mehr grün wird und seine fluffige Konsistenz behält, oder das Halbgefrorene, das nicht mehr auf den Tellern schmilzt, wenn der Brautvater vor dem Dessert eine zu lange Rede hält, von Desserts, die auf dem Buffet keine Haut bilden und von Anfang bis Ende in appetitlichster Optik erstrahlen. Aber bereits hier würde ich als Leser skeptisch werden und mich fragen: Wenn das alles stimmt, dann wäre das revolutionär und müsste sich in Windeseile herumsprechen. Genau. Das ist das, was ich am Anfang meines Berichts gesagt habe. Denn genau das tut es. Es gibt bereits heute Produktionsstätten in der ganzen Welt und einen Vertrieb in mehr als 20 Ländern. Nur wir in Deutschland, wir laufen der Entwicklung hinterher. Ich hoffe aber, es bleibt nicht mehr lange so und ich habe mit diesen Zeilen ein wenig Ihre Neugierde geweckt. Es gibt nicht viele Produkte mit einer „Gelinggarantie" und *QimiQ* ist meiner Erfahrung nach das Einzige, das ganz ohne Zusätze aus dem Chemiebaukasten auskommt.

BLAU
ROT
ROSÉ

R WIE
ROSÉ

In den 1970er- und 1980er-Jahren war Rosé schon mal ein Thema für Weinfreunde. Viele werden sich an eine lustige Zeit erinnern, in der Pseudoweinkenner in Restaurants und an den Bars allerorts Edelzwicker bestellten. Abgelöst wurde dieser elsässische Modewein vom französischen Blanc de Blancs und später in den 1990er-Jahren dann vom italienischen Pinot grigio. In dieser Zeit gab es auch mal eine kurze Phase, in der Mateus Rosé gerne und viel bestellt und getrunken wurde. Dieser leicht moussierende und etwas lieblich schmeckende Roséwein aus dem Douro-Tal in Portugal zeichnete sich weniger durch seine Qualität als vielmehr durch seinen günstigen Preis und seine originelle Aufmachung aus. Die Flasche des Mateus Rosé sah wie ein fränkischer Bocksbeutel aus.

Im Schlepptau des Mateus Rosé sind in dieser Zeit auch einige passable französische Roséweine in deutsche Restaurants und Weinabteilungen gespült worden. Diese hielten sich meist jedoch nur kurz und wurden dann durch ein preiswerteres Produkt ersetzt.

Aus einem nicht nachvollziehbaren Grund wurde Roséwein immer mit dem Attribut „preiswert" assoziiert. Im Umkehrschluss haben viele Winzer preiswerte Rosés produziert, um dem Markt gerecht zu werden. So hat sich der Roséwein aus dem Qualitätsweinsegment mehr und mehr verabschiedet und sich in der Billigweinecke angesiedelt.

Böse Zungen behaupteten in dieser Zeit, Erntegut, das zum Rotwein nicht tauge, sei immer noch gut genug für einen Rosé. Roséwein ist ja nichts anderes als ein Rotwein, der sehr früh von den Schalen mit ihrem roten Farbstoff getrennt wird. Durch diese Technik gewinnt der Rosé stark an Frische, die dazu auffordert, ihn gekühlt zu trinken. Niedrige Trinktemperaturen überdecken kleine Fehler im Wein, was die Entwicklung zum Billigwein noch unterstützt hat.

Bis auf eine Ausnahme: In diesem bestimmten Fall war der Rosé der Bessere und der Teurere und auch der Edlere. Es war der Champagner. Roséchampagner war immer teurer als seine weißen Brüder und Schwestern. Vielleicht ein Grund für den plötzlich einsetzenden Roséboom. Meiner persönlichen Meinung nach war Roséchampagner jedoch nur der Steigbügel, der dem Roséwein „aufs Pferd" geholfen hat und ihn heute „hoch zu Ross" sitzen lässt.

Der vermutlich wahre – oder zweite – Grund ist aber vielmehr die aktuelle Schule der Wein- und Speisenkombination. Während früher zu hellem Fleisch und zu Fisch Weißwein und zu dunklem Fleisch Rotwein getrunken wurde – was für den Rosé keine große Lücke offen ließ – wird heute der Wein nach verwendeten Gewürzen, Aromen und besonders nach den Saucen ausgesucht. Bei dieser Art und Weise der Betrachtung wird das Fenster für Rosé immer größer. So wie früher Kaninchen, Crevetten, Perlhuhn und sogar Fasan selbst bei rustikalster Zubereitung von Weißwein begleitet wurden, wird heute dort und bei Schwein und Kalbsgerichten schon fast genauso automatisch ein Roséwein empfohlen.

Eine dritte Ursache der positiven Entwicklung des Roséweins war das konsequente Umdenken der jungen Winzergeneration. Viele der erfolgreichen Jungwinzer hatten den Trend erkannt oder erahnt und angefangen, Roséwein aus ihren besten Trauben zu machen und der Herstellung besondere Sorgfalt zukommen zu lassen.

Plötzlich waren diese Weine gefragt. Weinkritiker schrieben gut über Rosé und auch der Preis spielte nicht mehr die Hauptrolle.

Qualitätsweingüter wie das *Castell Miquel* auf Mallorca kreierten Rosé in ihrer Premiumschiene *Stairway to Heaven* aus den Edeltrauben Shiraz und Cabernet Sauvignon und verschlossen ihn mit Glaskorken. Ein Szenewinzer wie der fantastische Markus Schneider aus der Pfalz addierte noch Merlot und St. Laurent in seine Rosé Cuvée *Saigner* und komponierte so das erfolgreichste Produkt des Weinguts Schneider. Moderne Winzer wie Christian Peth vom Weingut *Peth-Wetz* in Rheinhessen bieten jedes Jahr gleich drei verschiedene Rosékreationen an.

Auch wenn wir hier schon viele Gründe gefunden haben, warum der Rosé plötzlich so gefragt und so erfolgreich ist, gibt uns die Natur noch einen weiteren wunderbaren Grund, der für den Rosé spricht. Was gibt es Schöneres im Glas, wenn man bei Sonnenschein im Garten sitzt, als einen gut gekühlten samtigen Rosé. Mir fällt da nicht viel ein – ein Roséchampagner vielleicht. Und ob er nun der Steigbügelhalter für den Roséwein war oder ob der Erfolg des Roséweins den Roséchampagner aus der Raritätenecke holte, sei dahin gestellt.

Nutznießer dieser Entwicklung ist auf jeden Fall der Gourmet. Denn war vor 20 Jahren der Roséchampagner noch doppelt so teuer wie der weiße Champagner, hat sich der Preis heute aufgrund der gestiegenen Nachfrage bis auf wenige Prozent angenähert. Das Grand-Cru-Champagnerhaus *Herbert Beaufort* teilte mit, 2010 sei das erste Jahr in der langen Geschichte des Hauses gewesen, in dem ein Roséchampagner das meistgefragte Produkt des Hauses gewesen sei.

Zum Abschluss noch ein Blick zurück nach Portugal. Mateus Rosé hat sich seinen Markt weltweit erobert. Es sind die Supermärkte und Discounter, die jährlich in über 120 Ländern 55 Millionen Flaschen davon umsetzen. Die Qualität ist durch die Riesenmenge nicht besser geworden, aber einigen portugiesischen Winzern diente die Entwicklung als Ansporn, für wenig Geld einen tollen Rosé in Portugal zu produzieren. Doris Lindemann, die hochdekorierte Önologin der *Quinta da Plansel* im Alentejo ist eine Vorreiterin dieser erfreulichen Entwicklung. Ihre Rosékreationen gelten heute bereits als das Beste, was Portugal in dieser Richtung zu bieten hat. Für Sie und Ihre Gäste dürfte es heute keine Frage mehr sein, zu vielen Gerichten Rosé zu reichen. Und die Zukunft des Weins bleibt rosig. Deshalb machen Sie es wie die Amerikaner: think pink.

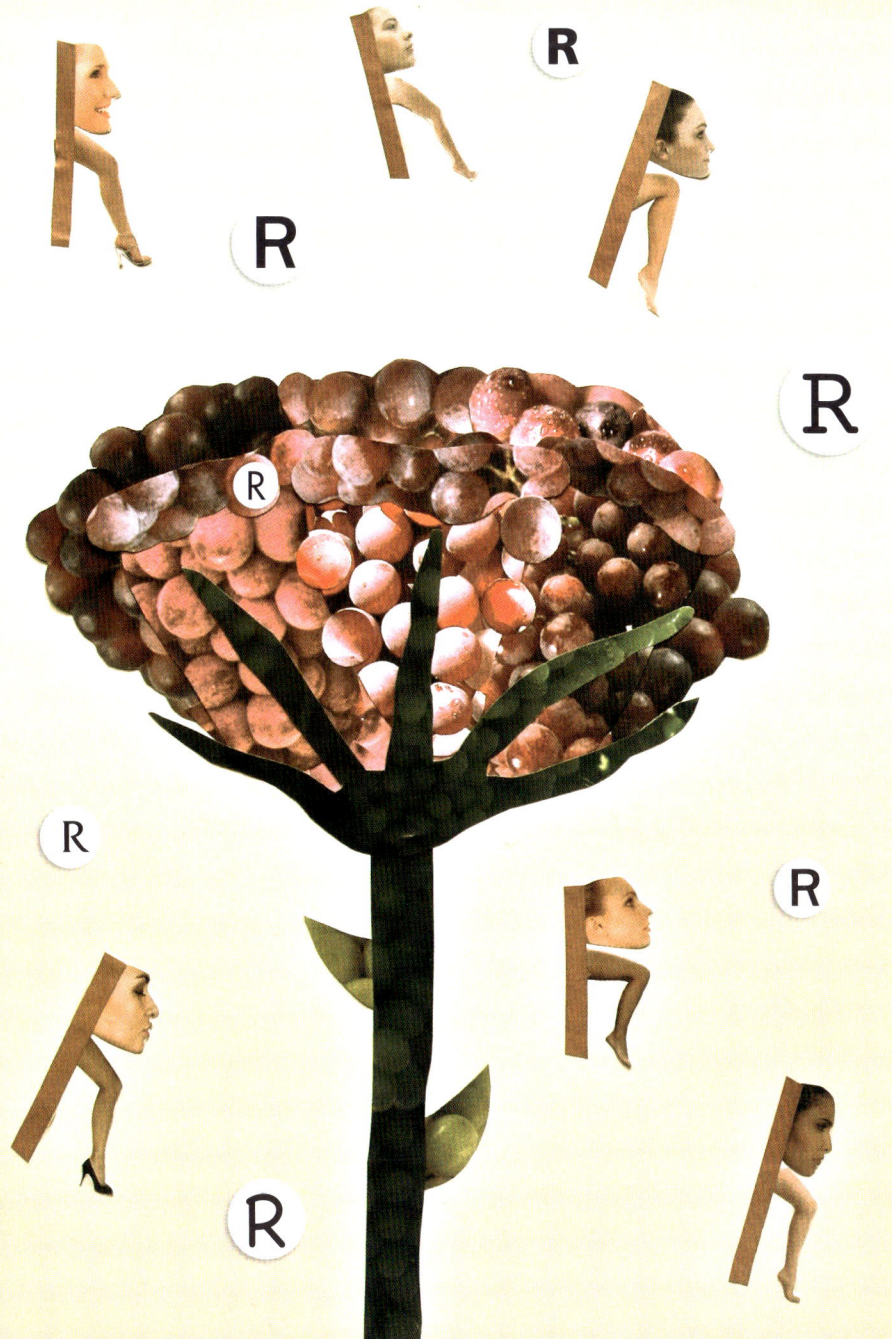

SMOKING OR NON SMOKING

SMOKER

S WIE
SMOKER

Die Zubereitung von Speisen im Smoker heißt Barbecue. Barbecue wird hierzulande oft mit Grillen verwechselt. Ich habe nichts gegen Grillen, ganz im Gegenteil, ich grille sehr gerne. Allerdings habe ich etwas gegen das Grillgut als billigen Sattmacher, der nicht die Hauptrolle, sondern nur die undankbare Nebenrolle des Saucenaufnehmers spielt.

Überlegen Sie doch einmal – kennen Sie das nicht auch? Sie sind zum Grillen eingeladen oder grillen selber und das, was auf dem Grill liegt, ist nicht etwa hochqualitatives Fleisch oder Geflügel, sondern es sind Würstchen, Koteletts, Bauchspeck, eventuell einmal ein Steak, aber sicher kein Edelteil, sondern ein Hüft- oder ein Schweinerückensteak.

Wieso ist das so?

Ich glaube, es hat sich verselbstständigt. Wenn man hierzulande grillt, wird eine große Flasche Gewürzketchup oder eine Barbecuesauce auf den Tisch gestellt. Diese Saucen sind so dominant, dass ein gutes Stück Grillgut wirklich zu schade dafür ist. Da langt auch ein Schweinerückensteak oder ein Würstchen.

Zudem kommt fettes Grillgut wie Würstchen, Bauchspeck und Nacken besser mit der großen Hitze der bei uns üblichen Holzkohlegrills zurecht. Darüber hinaus waren Edelteile vom Rind und Edelfische für einen Durchschnittsverdiener in den ersten Jahrzehnten nach dem Zweiten Weltkrieg unerschwinglich. So hat sich Grillen mit preiswertem und fettem Grillgut in unseren Breiten etabliert.

In den USA, einem typischen Fleischland, war gutes Fleisch immer für jedermann erschwinglich. Deshalb hat sich dort das Barbecue, also die Zubereitung edler Fleischsorten bei niedriger Gartemperatur, durchgesetzt. Findet beim Grillen die Zubereitung bei großer, direkter Hitze statt, so geschieht dies beim Barbecue bei niedriger, indirekter Hitze.

Während bei uns zum Grillen eingeladen wird, wird das Barbecue in den USA als gesellschaftliches Ereignis zelebriert. Man trifft sich am frühen Nachmittag und schneidet und mariniert zusammen die Fleischteile, die am Abend verspeist werden sollen. Die Marinade ist dort übrigens nicht flüssig wie bei uns, sondern trocken und heißt „rub". Das „gerubbte", also marinierte, Fleisch wird dann angegrillt. Der Grill ist kein Billiggerät von der Tankstelle, sondern ein Topgerät, meist ein Gasgrill mit Temperaturregulierung. Der Gasgrill hat zudem oft einen kugelförmigen Deckel. Dieser Deckel in Kombination mit den Temperaturreglern gibt dem Grillmeister die Möglichkeit, sein Gargut bei der für genau dieses Gargut richtigen Temperatur zu garen.

Dieses Equipment erlaubt schon ziemlich professionelles Outdoor Cooking, eine Mischung aus Grillen und Barbecue. Nach dem Angrillen auf diesem Gerät wird der Deckel geschlossen und die Temperatur heruntergedreht. Unter Zuhilfenahme eines Kernthermometers wird die Kerntemperatur des Garguts peinlich genau kontrolliert.

Edle Teile des Rindes, also Roastbeef, Filet, Rib-Eye etc., sollten möglichst langsam auf eine Kerntemperatur von 60 °C gebracht werden.

Ein bei einer Temperatur von 90 °C in 2,5 Stunden auf eine Kerntemperatur von 60 °C gebrachtes Rinderfilet ist saftiger und zarter als dasselbe Stück Fleisch, das bei 140 °C in nur 50 Minuten auf 60 °C Kerntemperatur gebracht wird. Das wäre wiederum besser, als das Rinderfilet bei 200 °C in nur 15 Minuten auf 60 °C zu bringen.

Das rechnerische Ideal zur Erzielung des bestmöglichen Ergebnisses wäre also eine Temperatur von 61 °C im Grill und eine über 30 oder 40 Stunden lang andauernde leicht ansteigende Kerntemperatur. Hier ist jedoch ein wenig Vorsicht angebracht, da sich bei solch niedriger Grilltemperatur auch Bakterien sehr wohl fühlen. Deshalb ist eine Mischung der goldene Mittelweg. Diese Parameter sind variabel und praktisch umsetzbar: Wenn das Essen in zwei Stunden auf dem Tisch stehen muss, wird etwas heißer gegrillt. Sind alle Vorbereitungen bereits um elf Uhr morgens abgeschlossen und die Gäste kommen erst um acht Uhr abends, wird mit echter Niedrigtemperatur gearbeitet. Mit diesen Grillgeräten, die es in Kugelform, aber auch mit eckigen Deckeln in vielen verschiedenen Größen gibt, lassen sich 10 bis 20 Gäste nahezu perfekt bekochen, vorausgesetzt, Sie besitzen kein Kerntemperaturthermometer. Das gibt es für ca. 20 Euro im Fachhandel.

Wenn Sie jedoch professionelles bzw. wirklich perfektes Outdoor Cooking zelebrieren wollen, brauchen Sie einen Smoker.

Der Smoker ist ein etwas nostalgisch anmutendes gusseisernes Monster, das optisch einer Dampflok nicht unähnlich ist. Er besteht aus drei Kammern. Die erste Kammer ist die Feuerbox. Hier wird die Hitze entweder mithilfe von Holzkohle oder Holzscheiten produziert. Links daneben ist die Garkammer. In dieser Kammer werden Kartoffeln, Gemüse und unedle Fleischteile gegart und edle Fleischteile angegrillt. Links daneben ist der Schornstein, in dem die edlen Fleischteile bei niedriger Temperatur gegart werden.

Ein guter Smoker ist an seinem Gewicht zu erkennen. Ein Smoker mit 40 Zentimetern Durchmesser sollte mindestens 250 Kilo wiegen. Das hohe Gewicht resultiert aus der kräftigen Wandstärke, die wiederum Grundlage für eine konstante Temperatur ist. Die konstante Temperatur ist wiederum Garant für eine hohe Qualität des gegarten Fleisches. Beim Smoker ermöglicht die Verwendung von Holz, dem Fleisch oder den Beilagen den attraktiven Geschmack von Heißgeräuchertem zu verleihen. Dieser ist nur durch Holz zu erreichen, Holzkohle raucht nicht.

Hier ist der richtige Moment, mit dem alten Vorurteil aufzuräumen, Gegrilltes schmecke vom Holzkohlegrill besser als vom Gasgrill. Das ist definitiv falsch. Um beim Holzkohlegrill das zugesprochene Raucharoma zu erzeugen, muss Flüssigkeit wie z. B. Bier über das Gargut gegossen werden, sonst entsteht kein Rauchgeschmack. Wer diesen Rauchgeschmack auch beim Gasgrill erzielen möchte, braucht nur ein paar Holzpallets in perforierte Alufolie einzuwickeln und diese mit dem Fleisch auf den Grill zu legen.

Beim Garen der Edelteile des Rindes auf einem Holzkohlegrill passiert Folgendes: Die Hitze gart das Fleisch von außen nach innen. Die Hitze trocknet das Fleisch aus und bringt das im Fleisch enthaltene Eiweiß zum Gerinnen.

Nach der vorgegebenen Garzeit zeigt das Gargut im Schnittbild eine Farbskala von braun über grau nach rosa, bis dann im günstigsten Fall ein blutroter Kern erreicht wird.

Anhand dieser Farben ist die unterschiedliche Konsistenz der Fleisch-schichten erkennbar. Der braune Rand ist hart, die graue Schicht ist spröde und trocken. Die rosafarbene Schicht ist zart und saftig und der rote Kern ist zäh und fest. Diese Konsistenzvielfalt ist in dieser Form schon unangenehm. Das Grillergebnis aber wird mit längerer Garzeit sogar immer schlechter, bis zu dem Zeitpunkt, an dem im Inneren des Grillguts alles grau wird. Dann ist der Vergleich mit der Schuhsohle nicht mehr weit hergeholt.

Beim Niedrigtemperaturgaren im Kugelgrill oder im Smoker passiert Folgendes: Die Edelteile des Rindes sind Muskelstränge, die aus schließlich für das Halten des Gleichgewichts zuständig sind. Diese Muskelstränge müssen im Gegensatz zu den Muskeln, die für den Bewegungsapparat zuständig sind, nicht besonders stark sein. Deshalb sind sie arm an Kollagen.

Kollagen ist der Stoff, der Muskeln zäh und widerstandsfähig macht. Kollagenfasern können das 10.000fache ihres Eigengewichts tragen. Dieses Kollagen verwandelt sich bei Temperaturen über 40 °C in Gelatine. Je mehr Kollagen im Fleisch enthalten ist, desto länger braucht es, um sich zu verwandeln. Unedles Rindfleisch hat viel Kollagen und wird deshalb immer sehr lange gegart, z. B. Suppenfleisch, Tafelspitz oder Rinderbraten. Fleisch besteht zum größten Teil aus Protein, also Eiweiß. Eiweiß gerinnt bei Temperaturen zwischen 60 °C und 70 °C. Dabei verwandelt sich die Farbe ins Gräuliche und das Fleisch wird in der Konsistenz trocken und spröde.

Also muss man, um das bestmögliche Ergebnis zu erzielen, das Gargut über 40 °C und unter 60 °C halten. Je edler das Gargut, desto schneller ist es perfekt gegart. Man erreicht folgendes Ergebnis:

Durch das Angrillen wird die äußerste Schicht des Fleisches braun und fest und erhält neben den Gewürzen, die im „rub", also der Trockenmarinade, enthalten sind, auch noch sehr angenehme Röstaromen.

Vom Rand bis zur Mitte hat das Gargut eine rosa Farbe, die von innen bis außen genau gleich ist. Das Kollagen hat sich komplett in Gelatine umgewandelt und das Fleisch hat die perfektest-mögliche Konsistenz: superzart und supersaftig.

Mit dieser Technik lassen sich auch die unedlen Teile des Rindes butterzart garen, es bedarf nur vieler Stunden Zeit und Geduld. Eine Rinderbrust braucht auf diese Art und Weise 12 bis 14 Stunden bis zur perfekten Konsistenz, ein Rinderfilet 90 bis 150 Minuten, je nach Durchmesser.

Diese Technik funktioniert mit jedem Fleisch, wobei aus Sicherheitsgründen Schwein und Geflügel noch einmal kurz bei großer Hitze nachgegart werden sollten, da dieses Fleisch immer durchgegart gegessen werden sollte.

Beim Fisch eröffnen sich mit dem Smoker oder dem Kugelgrill völlig neue Möglichkeiten. Nicht die große Hitze lassen den Fisch für den Holzkohlegrill als ungeeignet erscheinen, sondern die Konsistenz des Fischfleisches. Fische werden auf dem Grill in Windeseile gar und lassen sich kaum in einem Stück vom Grill entfernen. Wenige Sekunden zu lange gegrillt sind sie schon übergart und nicht mehr zu retten.

Zum richtigen Outdoor Cooking von Fisch gehören „hotboards". Das sind Holzbretter, die in Wasser eingelegt werden. Auf diesen „boards" werden die Fische gewürzt und in den Smoker oder den

Kugelgrill gelegt. Die Temperatur kann ruhig etwas höher sein und den Garpunkt erkennt man durch Fingerdruck.

Auf diesen „hotboards", die aus den verschiedensten Holzsorten gemacht werden, kann der Fisch auch direkt serviert und verspeist werden. Diese Art des Garens erzielt dermaßen intensive Ergebnisse, dass Sie danach nie wieder Fisch auf dem Holzkohlegrill garen werden.

Alle diese kulinarischen Highlights verdienen es nicht, von Ketchup übertüncht zu werden, sie schreien nach unterstützender Würzung. Das Beste, was es auf diesem Gebiet zu kaufen gibt, ist die „Bone Suckin' Sauce". Diese Sauce ist nicht nur in den USA die am häufigsten ausgezeichnete Barbecuesauce, sie wird auch hier bei uns von fast allen Sterneköchen für Barbecuerezepte benutzt.

Outdoor Cooking geschieht aber nicht nur mit Fleisch und Fisch. Auch Beilagen wie Kartoffeln und Gemüse werden im Smoker von Stunde zu Stunde besser. Im Garraum, in der Nähe der Feuerbox geparkt, werden gut gesalzene Kartoffeln und gewürztes Gemüse besonders dann zur Delikatesse, wenn statt Holzkohle Buchenholz zum Heizen benutzt wird.

Auch wunderbare Desserts lassen sich im Smoker oder im Kugelgrill zaubern. Früchte, die mit Weinschaumcreme gratiniert oder Erdbeeren, die mit Marshmallows, also Mäusespeck, überbacken werden, sind kein Problem. Auf dem Holzkohlegrill hingegen ist eine gegrillte Banane das höchste der Gefühle.

Te

SCHNÜFFEL

Tuber melanosporum

SMELL

Tuber magnatum

TRÜFFEL

T WIE
TRÜFFEL

Beim Buchstaben P habe ich über den Piemont- und Périgord-Trüffel geschrieben. Es ging vor allem darum, welcher der beiden Trüffeln der bessere ist. Falls Sie diesen Bericht gelesen haben, wissen Sie, dass diese beiden Sorten die einzigen kulinarisch wertvollen Trüffeln sind. Falls Sie ihn nicht gelesen haben, nehmen Sie diese Tatsache als gegeben.

Hier möchte ich gerne auf den Zauber eingehen, der vom Trüffel ausgeht, und auf die Liebe der Köche und Köchinnen zum Trüffel. Hierzu muss man wissen, der Trüffel ist ein Gastronomiepilz, der in Verbrauchermärkten für Endverbraucher – aufgrund mangelnder Nachfrage – nur selten, und wenn, meist in minderwertiger Qualität, angeboten wird.

Die Begründung ist leicht nachvollziehbar. Wer als Endverbraucher ein Gericht mit Trüffeln zubereitet, kann davon ausgehen, dass das Gericht sehr gut schmeckt. Zumindest, wenn frische Périgord- oder Piemont-Trüffeln zur Zubereitung benutzt wurden.

Wie viel besser das Gericht jedoch schmeckt, ist kaum festzustellen, da der direkte Vergleich meist fehlt. In der Gastronomie ist das anders. Dort werden Rezepte oft über Tage, manchmal Wochen, in großer Anzahl gekocht. Beim Abschmecken besteht oft die Möglichkeit, ein und dasselbe Gericht mit und ohne Trüffeln zu verkosten. Und hier liegt der Hase im Pfeffer. Es bedarf nicht einmal eines übermäßig guten Geschmackssinns, um dabei die 30- bis 100-prozentige Geschmacksverbesserung mit Trüffeln festzustellen.

Also haben wir mit Trüffeln den besten und stärksten legalen Tuner für Speisen, den es auf der Welt gibt. Das haben Köche bereits vor Hunderten von Jahren festgestellt und das ist auch der Grund, warum kein großer Koch in seinen Büchern auf eine innige Liebeserklärung dem Trüffel gegenüber verzichtet hat.

Was ist aber mit all den anderen Trüffelsorten, die im Handel erhältlich sind? Im Speziellen spreche ich hier vom Asia-Trüffel, Sommer-Trüffel, Burgunder-Trüffel, Bianchetti-Trüffel und Brumale-Trüffel. Sind die alle wertlos?

„Jein". Ihnen fehlen mit Sicherheit der Zauber und die uneingeschränkten positiven Eigenschaften der Périgord- und Piemont- Trüffeln; allerdings unterliegen alle genannten Sorten einer sehr fairen Handelskomponente. Um Ihnen diese näher zu bringen, möchte ich mich einer Skala von eins bis zehn bedienen.

Bei dieser Skala stellt die Zehn die bestmögliche Qualität und die Eins die schlechtestmögliche Qualität dar. Da es bekanntermaßen keine besseren Trüffeln als die hier schon so oft zitierten Périgord- und Piemont-Trüffeln gibt, gebührt ihnen natürlich die Zehn auf unserer Skala.

Es darf hier natürlich nicht unterschlagen werden, dass es sich bei den Trüffeln mit der Zehnerwertung selbstverständlich nicht nur um die richtige Sorte, sondern auch um den perfekten Frischegrad und die bestmögliche Herkunft handeln muss.

Diese Liste ist sehr fair. Auffällig bei den beiden bekannten Sorten ist jedoch der Preisunterschied: Der Piemont-Trüffel ist etwa dreimal so teuer wie der Périgord-Trüffel. Wieso kann da eine Zehn für beide fair sein?

Ganz einfach: Um die gleiche Menge Trüffelaroma auf einem Gericht zu erlangen wird etwa die dreifache Menge an Périgord-Trüffel gegenüber dem Piemont-Trüffel benötigt. Der Portionspreis ist also etwa gleich. Das meine ich mit „fair".

Wenn wir jetzt weiter davon ausgehen, die Zehn auf der Liste sei mit 100 Prozent Aroma gleichzusetzen, dann müsste ein Trüffel, der eine Neun auf dieser Skala bekommt, etwa 90 Prozent des Aromas bieten. Ein Trüffel der Kategorie Fünf hat demnach 50 Prozent des Aromas eines Zehnertrüffels bei gleicher Portionsmenge.

Wenn jetzt ein Trüffel der Kategorie Fünf auch noch halb so viel kosten würde wie der der Kategorie Zehn, dann wäre das ebenfalls fair. Und genau so ist es.

Um ins Detail zu gehen, verdienen Asia-Trüffeln auf der Skala eine Eins und kosten auch nur zehn Prozent des Périgord-Trüffelpreises. Sommertrüffeln verdienen eine Zwei bis Drei und genauso verhält sich der Preis.

Gleiches gilt für Bianchetti- und Brumale-Trüffeln. Das meine ich mit der fairen Handelskomponente. Welche Trüffeln man in seiner Küche verwendet, hängt natürlich von den Gegebenheiten ab, in denen man kocht.

Ein Sternerestaurant hat natürlich alle Möglichkeiten und dort besteht eigentlich auch die Notwendigkeit, Trüffeln der Kategorie Zehn zu verwenden, um das bestmögliche Resultat zu erzielen. In einem bürgerlichen Gasthaus können sich die Gäste sicher auch für Brumale- oder Sommer-Trüffeln begeistern und bei einer Pizzeria wird kein Gast mehr als Asia-Trüffeln und Trüffelöl erwarten, bestellt er eine Trüffelpizza.

Ob dieses Handeln richtig ist, sei dahingestellt. Der Königsweg ist es sicher nicht.

Der Königsweg sieht anders aus. Wer den einschlagen möchte, muss sich zuerst einmal von der gastronomischen Kalkulation unter Zuhilfenahme der Prozentrechnung verabschieden. Trüffeln der Klasse Zehn sind einfach zu teuer und gleichzeitig zu wenig arbeitsintensiv, um sie der normalen Kalkulation zu unterwerfen. Eine Vorspeise ohne Trüffeln, die den Gast bei normaler Kalkulation 15 Euro kosten würde, kann bei gleicher Kalkulation 49 Euro kosten, wenn für zehn Euro Einkaufspreis Trüffeln darüber gehobelt werden.

Während bei dem Gericht ohne Trüffeln für die ganze Arbeit, den Verschleiß, die Reinigung von Geschirr und Besteck sowie für Brot und Servietten ein Profit von maximal zehn Euro erzielt wird, würde bei derselben Speise mit Trüffeln ein Profit von über 30 Euro erzielt. Das heißt: 20 Euro für das Darüberhobeln von ein paar Gramm Trüffel über das fertige Essen.

Das ist nicht fair und das merkt auch der Gast. Wer aber jetzt hingeht und das getrüffelte Gericht für 28 Euro anbietet und dem Gast für diesen günstigen Preis auch noch den Trüffel der Kategorie Zehn serviert, hat in erster Linie mehr verdient als bei dem Gericht ohne Trüffel – und das Gericht wurde um 100 Prozent verbessert.

Das ist zwar eine langfristige Investition, weil sie sich erst richtig bezahlt macht, wenn deswegen mehr Gäste kommen und das Restaurant in den Restaurantführern und Zeitschriften besser bewertet wird, aber genau das wird passieren. Das ist der Königsweg.

Zum Abschluss noch eine aktuelle Information. Mit der oben erwähnten Skala arbeite ich seit vielen Jahren, um interessierten Zu-
hörern auf Trüffelveranstaltungen und -seminaren die Wertigkeit
von Trüffeln näher zu bringen. Vor wenigen Jahren ist jedoch ein
neuer Mitspieler in der Champions League auf dem Markt aufge-
taucht. Der australische Trüffel.

Dieser Trüffel ist so gut, dass er qualitativ nicht in der Liste unterzu-
bringen ist. Deshalb war ich gezwungen, die Liste zu verändern und
diesem wunderbaren Trüffel eine Zehneinhalb auf der Liste zu
geben. Die Saison der australischen Trüffeln beginnt im Juni und
endet im September. Begegnet Ihnen in dieser Zeit der australische
Trüffel, sollten Sie neugierig sein. Dieser Trüffel ist das Beste, das Sie
für Geld kaufen können.

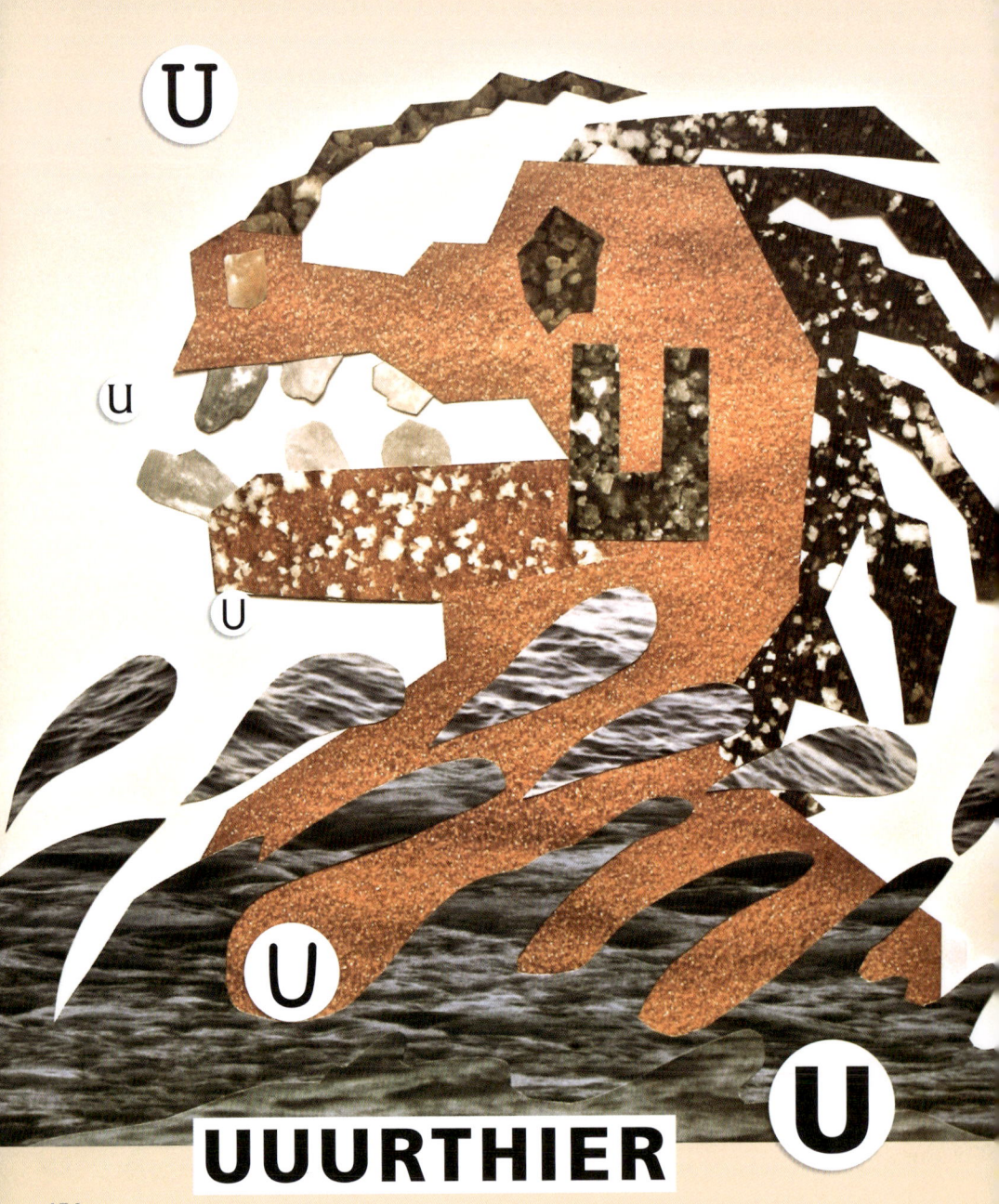

UUURTHIER

U WIE
URMEERSALZ

Bei dem Salz, das wir in 99 Prozent aller Fälle zu uns nehmen, handelt es sich um Steinsalz. Zuerst einmal: Was ist Steinsalz eigentlich? Steinsalz ist hart wie ein Mineral und gleicht optisch einem Kristall, aber es ist weder das eine, noch das andere.

Es ist und bleibt Meersalz, nur einfach – sehr altes Meersalz, zum Teil viele 100 Millionen Jahre altes Meersalz.

Landverschiebungen haben in der Urzeit Meere abgetrennt und ausgetrocknet. Das übrig gebliebene Meersalz wurde von Erd- und Steinschichten bedeckt und der seismische Druck verwandelte das Salz in Steinsalz oder Kristallsalz.

In der Praxis wird besonders das Steinsalz zum Abbau unterirdisch verflüssigt und danach durch einen komplizierten Raffiniervorgang wieder getrocknet. Salzproduzenten sind in Bezug auf das Steinsalz also eigentlich Salzabbauer.

Und an diesem Punkt kommen wir zu ganz neuen und bisher noch nie veröffentlichten Erkenntnissen.

Die Welt des Salzes unterteilte sich bisher in Steinsalz und Meersalz und 99 Prozent aller Salze auf diesem Planeten sind in einer der beiden Gruppen zu finden. Logischerweise muss es zwischen diesen beiden Gruppen ein Übergangsstadium geben, in dem das Salz nicht mehr Meersalz, aber auch noch kein Steinsalz ist.

Es gibt unterirdische Salzseen, die zwar von der Außenwelt abgeschnitten sind, ihr Wasser ist aber noch nicht komplett verdunstet, weil der See z.B. von einer kleinen Quelle gespeist und ein endgültiges Austrocknen verhindert wird.

Diese unterirdischen Salzwasserreservoirs heißen Solequellen. Da jedoch weniger Quellwasser zufließt als Wasser aus dem Salzsee verdunstet, steigt der Salzgehalt Jahr für Jahr oder besser Jahrtausend für Jahrtausend unaufhaltsam an.

Erreicht der Salzgehalt in diesen Quellen 27 Prozent, ist die Sole gesättigt und das Salz kristallisiert langsam aus – so lange, bis aus der Solequelle eine Salzlagerstätte geworden ist.

Während diejenigen, die Steinsalz abbauen, Salzabbauer sind, gelten diejenigen, die aus einer Solequelle Salz produzieren, als Salzproduzenten. Genau wie diejenigen, die aus Meerwasser Salz herstellen, ebenso Salzproduzenten heißen.

In Deutschland wird kein Meersalz produziert, deshalb gibt es hier auch keine Meersalzproduzenten. Es gibt aber jemanden, der aus einer Solequelle Salz gewinnt. Und da es höchstwahrscheinlich nur diese eine Person gibt, die das macht, ist sie vermutlich auch der einzige Salzproduzent in Deutschland.

Dieser Mann heißt Grönemeyer, Wilhelm Grönemeyer. Er ist ein Vetter der Brüder Dietrich und Herbert Grönemeyer und produziert das Salz auf dem Stammsitz der Familie Grönemeyer in Bad Essen-Lintorf, auf dem die Grönemeyers nachweislich seit dem Jahr 1426 ansässig sind.

Wilhelm hat mit seinen Vettern vieles gemeinsam. So wie Herbert ist er ein Künstler. Er hat sich jedoch nicht für die Musik, sondern für die Malerei entschieden und er hat in der Branche einen sehr guten Ruf als Maler und Designer.

So wie sein Vetter Prof. Dietrich Grönemeyer, der weltbekannte Mediziner, befasst sich auch Wilhelm seit über zehn Jahren mit der Heilkunde, jedoch weniger mit der Schulmedizin als mit der Homöopathie. Seine homöopathischen Kenntnisse und Interessen brachten ihn auch dazu, die Fresenius-Analyse der heimischen Solequelle genauer zu betrachten. Er kam zu einer erstaunlichen Erkenntnis: Die Mineralkonzentration liegt in dieser Quelle bei 31 Prozent und das Redoxpotential bei −115. Bei Salzwasser tritt jedoch eine Sättigung bei 27 bis 28 Prozent ein, also ist ein Mineralgehalt von 31 Prozent theoretisch unmöglich.

Auch ein Redoxpotential (eine Aussage über den Elektronenfluss) von −115 ist für Salzwasser äußerst ungewöhnlich. Die Bad Essener Solequelle ist also auf jeden Fall ein ganz besonderes Wässerchen.

Zur Verdeutlichung wollen wir die Sache ab jetzt beim richtigen Namen nennen: Bei der Solequelle handelt es sich nicht um eine fröhlich plätschernde Bergquelle, sondern um das Urmeer. Ein Meer, das vor 220 Millionen Jahren hermetisch abgeriegelt wurde und seitdem viele Hundert Meter unter der Erdoberfläche darauf wartet, sich in Salz verwandeln zu dürfen.

In Deutschland gibt es einige Urmeere oder Solequellen und jede Stadt oder Gemeinde, auf deren Gebiet eine solche Quelle liegt, darf das Wort „Bad" vor dem Namen tragen. Denn dass das Urmeer gut für die Gesundheit ist, weiß man schon seit vielen Hundert Jahren und seine Sole ist gegen Leiden aller Art seit langer Zeit ein Segen. Die meisten Solequellen haben jedoch einen Mineralgehalt von 10 bis 13 Prozent und die Sole wird fast ausschließlich für äußere Anwendungen genutzt.

Nicht zuletzt aufgrund fortschreitender allgemeiner Erkenntnisse in Sachen Salz ist Wilhelm Grönemeyer auf die Idee gekommen, das Salz der Bad Essener Solequelle zu kristallisieren und zu probieren. Das Ergebnis war überwältigend. Falls Sie schon einmal Geschmackstests mit gutem Meersalz wie z. B. Fleur de Sel gemacht haben, wissen Sie vielleicht nicht nur die Qualität, sondern auch die Verträglichkeit und den Wohlgeschmack hochwertiger Salze zu schätzen.

Hierbei konnten Sie gegebenenfalls feststellen, dass hochwertige Natursalze auch bei hoher Konzentration nicht bitter, scharf oder gar Brechreiz erzeugend wirken, während raffinierte Industriesalze genau das tun.

Bei Grönemeyers Bad Essener Urmeersalz kommt noch eine weitere Dimension dazu: Bedingt durch die unglaubliche Mineral- und Energiedichte dieser Solequelle ist die Mineralzusammensetzung des hieraus gewonnenen Urmeersalzes so überwältigend harmonisch, dass ein Teelöffel (ca. 6 Gramm) aufgelöst in einem halben Liter Wasser nicht nur nach wohlschmeckendem Salzwasser, sondern vielmehr nach einer leichten Hühner- oder Gemüsebrühe schmeckt.

Jetzt kommt der Moment, an dem es für mich interessant wird. Ich bin kein Esoteriker und auch kein Gesundheitsfreak. Ich bin ein Kulinariker und schreibe über die kulinarisch wichtigste Zutat der Küche – über das Salz. Für mich zählt in erster Linie der Geschmack. Punkt. Ich wäre jedoch nicht der, der ich bin, wenn es hier nicht um mehr ginge. Für mich zählt – wie gesagt – in erster Linie der Geschmack und das Bad Essener Urmeersalz ist tatsächlich das wohlschmeckendste Salz, das ich persönlich kenne. Es wäre mir jedoch nicht einen langen Bericht wert, wenn nicht noch eine andere Komponente dazu käme. In der heutigen Zeit, in der es fast gilt, sich zwischen Fast Food und Slow Food entscheiden zu müssen, kann uns nichts, aber auch gar nichts Besseres passieren, als dass ein gesundes Lebensmittel besser schmeckt als ein ungesundes.

Vor einem Jahrzehnt hat die Olivenölwelle das Denken um verantwortungsvolles Essen revolutioniert und aus Pizzabudenjunkies wurden – aufgrund des guten Geschmacks mediterraner Lebensmittel zwar unfreiwillig, aber dennoch gerne – Ernährungsspezialisten.

Mit den wohlschmeckenden und gleichzeitig der Gesundheit dermaßen zuträglichen Natursalzen sieht es so aus, als ob eine neue Welle der Aufklärung über uns hereinbräche. Deshalb werde ich auch nicht müde, immer wieder die kulinarischen Vorzüge der Natursalze hervorzuheben. Der gesundheitliche Nutzen wird quasi umsonst mitgeliefert.

Das Urmeersalz SAL VITAL oder KING of SALT hat einen Natriumchloridgehalt von nur 91 Prozent und selbst wenn ich mich an dieser Stelle wiederholte: Die anderen neun Prozent Mineralien sind nicht nur wichtig für Ihre Ernährung, Sie brauchen diese Stoffe auch als Antagonisten, also als Gegenspieler des Natriumchlorids, das Sie täglich mit den Speisen zu sich nehmen. Denn diese sind in der Regel mit raffiniertem Salz gewürzt, das einen Natriumchloridgehalt von 99,99 Prozent hat.

Ohne die Antagonisten aus dem Natursalz hat Ihr Körper kaum eine Möglichkeit, ohne schädliche Folgen damit fertig zu werden. Nur fünf bis sechs Gramm reines Natriumchlorid können jeden Tag über die Nieren herausgewaschen werden, 15 bis 20 Gramm nimmt der Durchschnittsbürger jedoch täglich zu sich.

Während die Natursalze mit ihren Antagonisten unbehindert den menschlichen Stoffwechsel passieren und ihn noch stärken, wird das hochreine Natriumchlorid, das raffinierte Speisesalz, im Körper eingelagert. Hierbei werden zur Isolierung für jedes Gramm Salz 23 Milliliter Zellwasser benötigt. Das sind an einem „guten" Tag schon einmal ein Viertel Liter Zellwasser, welches dem Stoffwechsel nicht mehr zur Verfügung steht – und das läppert sich.

Hier kommen wir wieder auf die Produktion des Urmeersalzes zurück. Wilhelm Grönemeyer hat sich moderner Techniken britischer Salzproduzenten bedient und lässt seine Sole bei indirekter Hitze von oben auskristallisieren.

Seiner Passion als Homöopath folgend begleitet er den Vorgang noch zusätzlich mit einigen energetischen Aufladungen durch Licht- und Schallwellen, um als Produkt ein völlig unbehandeltes, auf der einen Seite nur einige Stunden altes, auf der anderen Seite jedoch 220 Millionen Jahre altes Urmeersalz zu erhalten.

Weil der Magnesiumanteil so gering ist, ist es nicht notwendig, das Magnesium herauszuwaschen. So entsteht ein absolutes Natursalz, sozusagen eine „erste Pressung".

Ohne weitere Arbeitsschritte wird dieses Salz in die Verpackung gegeben und ist sofort verzehrfertig. Die Konsistenz ist ähnlich wie beim Fleur de Sel. Hin und wieder findet sich ein größeres Stückchen in der Packung, das ist jedoch nicht hart wie Stein, sondern mürbe wie ein Keks.

Natürlich kann das SAL VITAL- oder KING of SALT-Urmeersalz, genau wie Fleur de Sel, grob wie es ist, über die Speisen gegeben werden, da es beim Daraufbeißen nicht knackt. Falls Sie es lieber etwas feiner mögen, empfiehlt sich das kurze Mörsern in einem Steinmörser oder das Vermahlen des Salzes in einer Salzmühle. Der Einfachheit halber wird dieses Salz jedoch auch vermahlen angeboten.

In unserem Kulturkreis ist es normal, trockenes Salz zum Würzen zu benutzen. Essig wird jedoch nur in flüssiger Form verwendet, obwohl es technisch möglich wäre, Essig auch in Pulverform herzustellen. Niemand würde ihn jedoch nutzen, weil es nicht der Gewohnheit entspräche.

In vielen Anwendungen wäre es jedoch sinnvoll, trockenen Essig zu benutzen, nämlich dann, wenn eine trockene Speise gesäuert, aber nicht verdünnt werden soll. Als Beispiel wählen wir Sushi-Reis: Der Reis ist fertig gekocht und hat die perfekte Konsistenz, hat aber zu wenig Säure – hier wäre ein Trockenessig ideal.

Umgekehrt ist es genauso: Ein Salat ist mit einem Dressing angemacht worden, das zu wenig Salz enthält. Da der Salat schon angerichtet ist, ist an der Rezeptur des Dressings nichts mehr zu ändern und Salat nachzusalzen ist kaum möglich. Hier wäre ein flüssiges Salz in einem Sprayer perfekt.

Von diesen Gedanken geleitet hatte Wilhelm Grönemeyer eine extrem kundenfreundliche Idee. Die Sole aus Bad Essen hat einen Salzanteil von 31,8 Prozent. Es müssen also zwei Liter Wasser verdunsten, um ein Kilo Salz zu produzieren.

Die Energie, die zum Verdunsten des Wassers benötigt wird, ist unverhältnismäßig hoch angesichts der Tatsache, dass man rein theoretisch fast alle Speisen mit flüssigem Salz würzen könnte. Deshalb hat Wilhelm sein Salz nicht nur in wunderschöne Kartons gepackt und unter dem Namen SAL VITAL oder KING of SALT in den Handel gebracht, sondern auch in praktische Sprayflaschen abgefüllt, in denen die Natursole unbehandelt über die Speisen genebelt werden kann.

Auch dieses Produkt heißt SAL VITAL oder KING of SALT, trägt aber noch den Zusatz „flüssig". Bei Selbstversuchen in unserer Probier-küche haben wir festgestellt, dass das Einnebeln von Speisen mit Salz einen ganz speziellen Charme hat und dass wir uns wirklich an diese Art des Würzens gewöhnen können.

Die Idee ist kundenfreundlich, weil in einem Liter SAL VITAL flüssig 318 Gramm gelöstes Salz enthalten sind. Der Liter SAL VITAL oder KING of SALT flüssig kostet aber weit weniger als das 200 Gramm-Päckchen SAL VITAL oder KING of SALT. Irgendwie genial. Möge diese mutige und innovative Idee von Wilhelm Grönemeyer auf fruchtbaren Boden fallen!

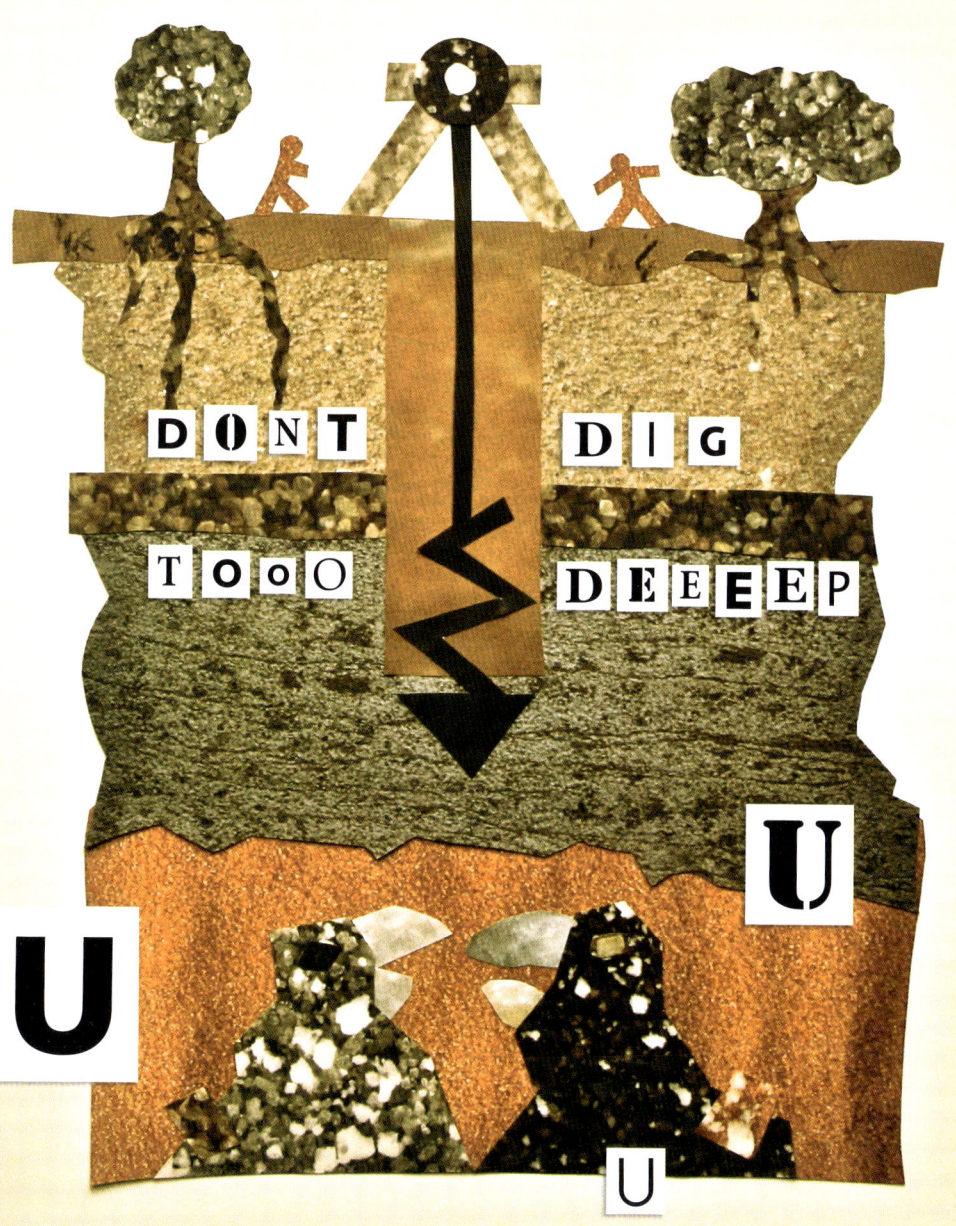

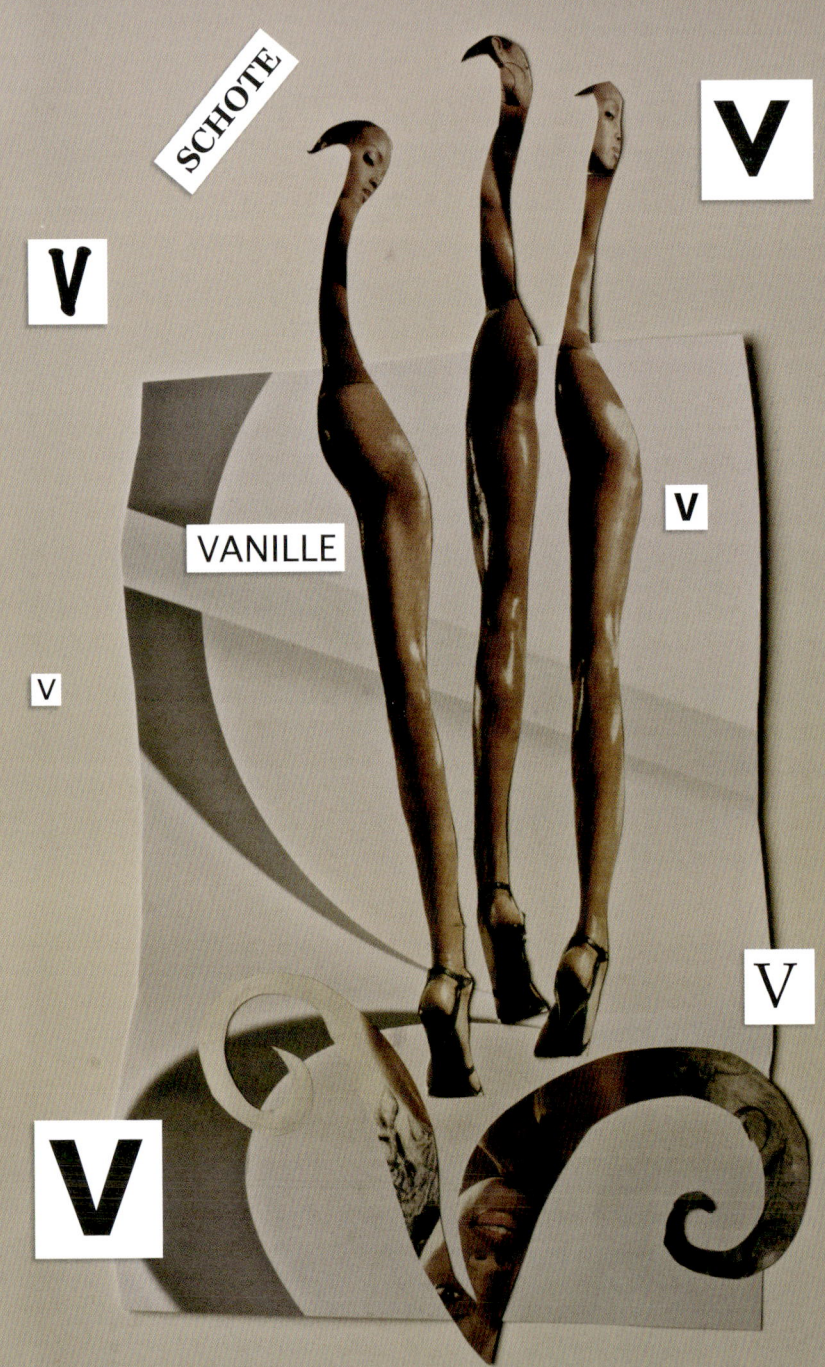

SCHOTE

V

V

VANILLE

v

V

V

V WIE
VANILLE

Ich bin ein bekennender Vanillefan. Das bin ich schon sehr lange, ich denke, so ungefähr seit 45 Jahren. Meine Eltern erzählten mir, dass sie im Tiefkühlfach immer ein Päckchen Fürst-Pückler-Eis für das Sonntagessen gebunkert hatten und wenn dann der Sonntag gekommen war, war nur noch Erdbeer- und Schokoladeneis in der Packung, weil ich das Vanilleeis bereits stibitzt hatte. In den nächsten 45 Jahren fiel es mir immer leicht, mein Eis beim Eismann auszusuchen: „Drei Kugeln Vanille, bitte."

Zu Beginn meiner Profikarriere war die Vorsilbe „Bourbon" ein so wohlklingendes Qualitätssiegel, dass ich noch bis vor einigen Jahren gedacht habe, Bourbon-Vanille sei das Maß aller Dinge. Bourbon bzw. Île Bourbon ist der alte Name der Insel Réunion. Réunion produziert eine sehr ordentliche Menge sehr hochwertiger Vanille. Zudem ist Réunion eine zu Frankreich gehörende Insel im Indischen Ozean, was den europäischen Markt für diese Vanille geöffnet hat. Bourbon-Vanille hat einen sehr hohen und deshalb vordergründigen Anteil an Vanillin. Dieses Vanillin ist es auch, das mich manchmal traurig macht, wenn ich mein Vanilleeis bestelle.

Hierzu ist wichtig zu wissen, dass es vor Christoph Kolumbus in Europa keine Vanille gab. In Südamerika dagegen war es schon sehr verbreitet. Da es sich in Europa sehr schlecht kultivieren ließ, war man viele 100 Jahre von den Importen aus Übersee abhängig, was diese Kapsel – ja, Vanille ist eine Kapsel und keine Schote, wie es immer heißt – zu einem Luxusprodukt allererster Güte machte.

Schon vor 150 Jahren konnte Vanillin u. a. aus extrahierten Bestandteilen der Rinde von Nadelhölzern synthetisch hergestellt werden. Dieses künstliche Vanillin wurde perfektioniert und zu einer omnipräsenten Zutat der Lebensmittelindustrie.

Beeindruckend ist hier die Menge von 15.000 Tonnen künstlichen Vanillins, die jährlich produziert werden. Dem stehen 40 Tonnen natürlichen Vanillins entgegen, die in der Jahreswelternte von 2000 Tonnen Vanillekapseln enthalten sind. Dieses Vanillin ist jedoch nur eins von vielen Aromen, die die echte Vanille auszeichnet.

Ersetzt Vanillin die echte Vanille, wird alles sehr eindimensional. Es fehlt die Tiefe und die Breite des Aromas, die von echter Vanille gegeben wird. Preiswerte Vanilleprodukte werden ausschließlich mit künstlichem Vanillin aromatisiert – und das ist der Grund, der mich manchmal beim Genuss von Vanilleeis traurig macht. Gerade in Verbindung mit Sahne wie bei der Herstellung von Eis und anderer Süßspeisen bestimmt die Wahl der Vanille die Qualität des Endprodukts. In meiner professionellen Laufbahn hatte ich hunderte Male die Möglichkeit, echte Vanille zu verkosten und durch meine jahrzehntelange Vorliebe konnte ich mir eine ganz eigene Wertung erarbeiten. In dieser Wertigkeitsliste spielt der natürliche Vanillingehalt zwar eine große, aber nicht die entscheidende Rolle. Viel wichtiger ist für mich die Ausgewogenheit der Aromen.

Bourbon-Vanille ist durch ihren sehr hohen Vanillingehalt eine vordergründige Vanille, die jedoch selbst bei sparsamem Einsatz einen klar zu erkennenden Vanillegeschmack erzeugt.

Tahiti-Vanille hat nur etwa die Hälfte des Vanillingehaltes der Bourbon-Vanille, besitzt aber ungleich mehr flüchtige Aromen. Diese sind leichter zu riechen als zu schmecken, deshalb führte die Tahiti-Vanille lange Zeit ein Schattendasein in der Parfümindustrie. Erst die Entdeckung weiterer Dimensionen der Tahiti-Vanille durch die moderne Küche holte Sie in die Töpfe ambitionierter Köche. Diese Vanille ist die erste Wahl, wenn es darum geht, einer Speise nicht nur Vanillegeschmack, sondern ein komplexeres Vanillearoma und vor allen Dingen einen verführerischen Vanilleduft zu verleihen.

Zwischen diesen beiden Extremen gibt es natürlich viele Abstufungen, z. B. die Urform der Vanille aus Mexico, die wohlklingende Madagaskar-Vanille oder last but not least meinen Favoriten, die Vanille aus Papua-Neuguinea. Diese Vanille ist eine „eierlegende Wollmilchsau". Sie hat einen höheren Vanillinanteil als die Tahiti-Vanille, eine Aromenvielfalt, die die der Bourbon-Vanille weit übertrifft, und obendrein ist die Papua-Neuguinea-Vanille auch noch preiswerter als die meisten anderen Arten. Für mich ist sie der Allrounder unter den Vanillearten.

Immer wieder werden Süßspeisen mit Vanille in Verbindung gebracht, aber Vanille ist ein Quell der Inspiration und schafft ein Füllhorn an neuen Rezepturen in der modernen Küche. Krustentiere und Muscheln werden durch Vanille in eine ganz andere Dimension befördert. Geflügel in Verbindung mit Curry schreit nach Vanille. Selbst Wildgerichte lassen sich mit Vanille in etwas ganz Neues und erfreulich Frisches verwandeln.

Die Vanilleschote, die ja eigentlich eine Kapsel ist, lässt sich in vielfacher Art und Weise verarbeiten. Der Königsweg ist sicher, das

Mark aus der – bleiben wir einmal dabei – Schote zu kratzen und dieses Mark als reines Gewürz zu benutzen. Wer diesen Königsweg geht, sollte die leere Schote jedoch auf keinen Fall wegwerfen, sondern entweder in Milch auskochen und die Vanillemilch zum weiteren Verfeinern benutzen oder, noch besser, die leeren Schoten zum Aromatisieren von Zucker verwenden. Hierzu die Schoten einfach in Zucker vergraben. Je mehr, desto besser. Man kann auf diese Art und Weise die Schoten sehr, sehr lange und sehr oft benutzen, denn noch nach Monaten geben sie ihr Aroma an den Zucker ab. Besonders außen weiß kristallisierte Vanilleschoten geben eine Menge Aroma ab, da es sich bei den weißen Kristallen um fast reines Vanillin handelt. Eine andere Art der Verarbeitung ist das ganz feine Vermahlen der kompletten Schote. Dieses Pulver messerspitzenweise den Speisen beizugeben ist besonders bei heißen Speisen anzuraten. Ein No-Go ist jedoch, das Mark auszukratzen und dann die Schoten zu vermahlen. Dieser Weg sollte der Industrie überlassen bleiben, er hat in der Küche nichts zu suchen.

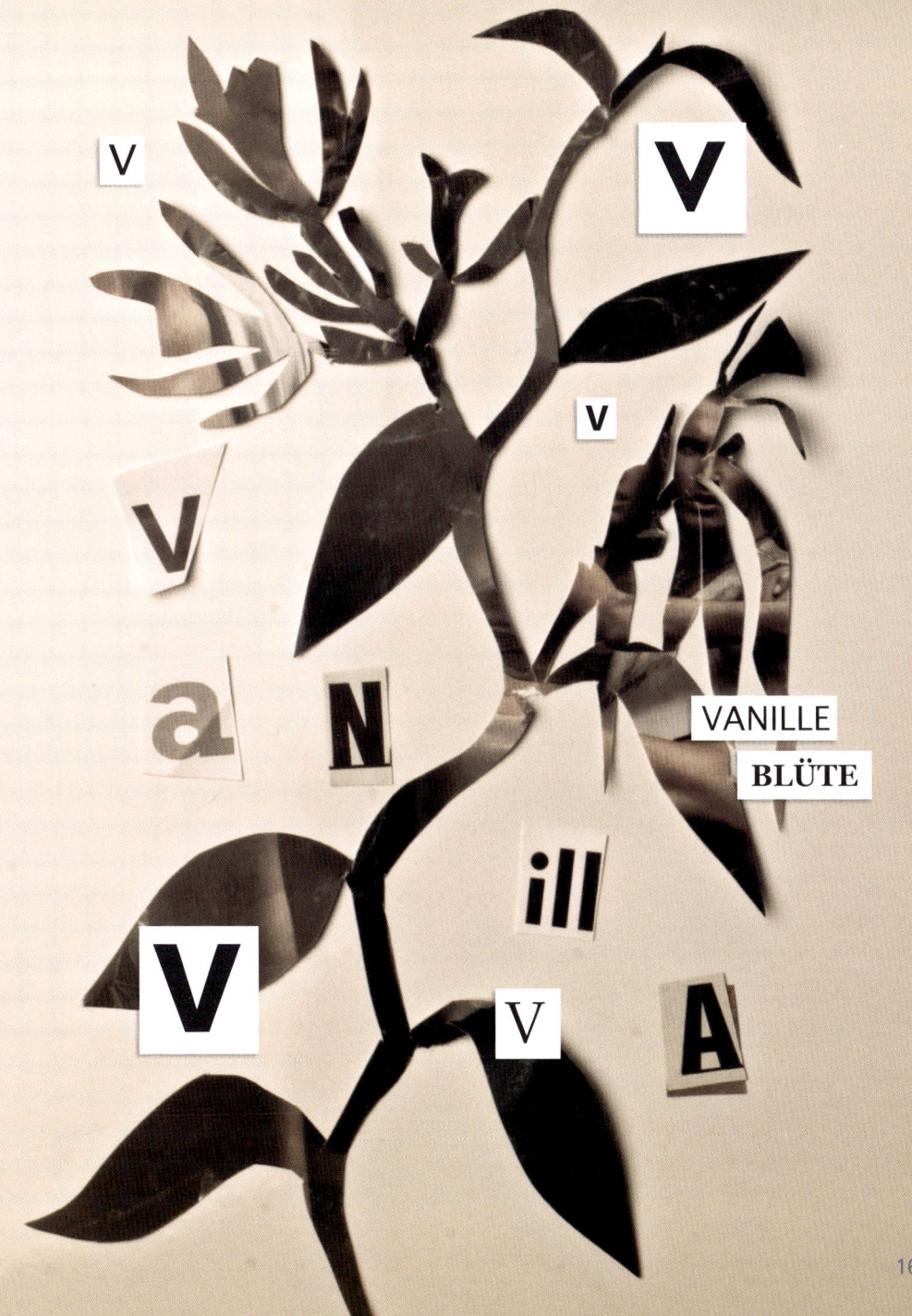

VANILLE
BLÜTE

W WIE
WITZIGMANN

Vor wenigen Tagen wurde Eckart Witzigmann 70 Jahre alt und ich hatte das große Glück, diesen Geburtstag nicht als einer der zahllosen Gäste und Gratulanten mit ihm feiern zu dürfen, sondern als sein persönlicher Freund und als sein Partner in unserer gemeinsamen Organisation „Spitzenköche für Afrika". An diesem Tag wurde mir klar, dass es außerhalb meines engsten Familienkreises niemanden gibt, mit dem ich lieber einen runden Geburtstag feiern würde (Schauspieler/innen, Musiker/innen und andere Weltstars inbegriffen).

Auch wenn ich durch meine enge Beziehung zu ihm und seinen beiden wundervollen Kindern Véronique und Maximilian vielleicht – oder sogar ganz sicher – befangen bin, werde ich hier und heute keine sentimentale Lobhudelei über sein Lebenswerk präsentieren. Vielmehr liegt der Sinn dieser Geschichte darin, herauszufinden, was Eckart so besonders macht.

Eckart hat mich mein ganzes Berufsleben lang begleitet und inspiriert. Als ich 1975 meine Kochlehre begann, war Eckart bereits einige Jahre Küchenchef im Münchner Restaurant *Tantris*. In dieser Zeit war das *Tantris* das beste Restaurant Deutschlands und die Berichte von dort hörten sich für uns „Normaloköche" wie Geschichten aus einer anderen Welt an. Kurze Zeit später eröffnete er die *Aubergine*. Spätestens ab da wurde es magisch: Die *Aubergine* war nicht mit normalen Maßstäben zu messen. Dort essen zu gehen war für uns

Youngsters ebenso absurd wie Tee mit der Queen zu trinken oder den amerikanischen Präsidenten im Oval Office zu besuchen. Das war wohl auch der Grund, weswegen ich das erste Mal in der *Aubergine* aß, als ich bereits mit der Gastronomie abgeschlossen und mich als Trüffelhändler selbstständig gemacht hatte.

Der erste Besuch war für mich der Eintritt in eine neue, wunderbare Welt. Es war, als käme ich nach Hause. Der Sommelier der *Aubergine*, Gesumino Pireddu, hatte mit mir zusammen in Davos gearbeitet und die anderen Gäste an meinem Tisch waren Freunde und Lieferanten von Eckart Witzigmann. Das nahm mir die Schüchternheit, die ich sonst beim ersten Kennenlernen der ganz großen Koryphäen der Branche immer als störend empfunden hatte. An diesem Abend erlebte ich den perfekten Service, begleitet von einer drei Sterne-Küche in absoluter Reinkultur. Nie zuvor hatte ich besser gegessen und, ich glaube auch, getrunken. Wir verzichteten auf die Karte und baten, der „Chef" möge für uns aussuchen. Erstaunlicherweise bestand der Hauptgang nach einer Reihe von Vorspeisen und Fischgerichten aus einem Stück, nämlich einem am Tisch tranchierten Schweinebauch. Bis dahin hatte ich immer das Fett vom Fleisch abgeschnitten und nur das magere Fleisch gegessen. Hier kommen wir zum ersten Punkt, der Eckart so besonders macht.

Das Essen fand 1991 statt. Der Schweinebauch war nicht nur köstlich, sondern obendrein von einer außergewöhnlich attraktiven Konsistenz: Nicht nur das Fleisch war butterzart, sondern auch das reichlich vorhandene Fett war zart, aber nicht wabbelig. Kurzum, anders als alles andere, was ich bisher an fettem Fleisch gesehen oder gegessen hatte. Das war natürlich die Folge von genau eingehaltener Garzeit und Temperatur. Für Eckart war das in den letzten Jahren die Küche erobernde Garen bei Niedrigtemperatur oder das Garen im Sous-vide-Beutel längst Tagesgeschäft – viele Jahre, bevor diese Techniken von den Köchen der Molekularküche entschlüsselt wurden. Durch ein Übermaß an Talent und durch ein try and error-System von ihm selbst entwickelt. Regionale Küche mit modernsten Techniken zubereitet. Ich würde sagen, er war seiner Zeit in allen Belangen einfach zehn oder 15 Jahre voraus.

Paul Bocuse, Paul Simon, Roger Vergé, die Brüder Troisgros und Paul Haeberlin waren Eckarts maßgebliche Ausbilder, sie haben sein Talent schon früh erkannt und ihm den Weg geebnet. Der Erfolg beruht jedoch auf seiner Unermüdlichkeit und seine sehr gute körperliche Kondition erlaubte es ihm, Wochen und Monate mit nur wenig Schlaf auszukommen und ein schier unglaubliches Pensum an Arbeitsstunden abzuleisten.

Das ist der zweite Punkt, der Eckart besonders macht. In den wenigen freien Minuten wurde Fußball gespielt, Ski- oder Fahrrad gefahren, oft mehrere 100 Kilometer am Stück. Der Raubbau an seinem Körper und die Einsicht, nicht mehr besser werden zu können, führten 1993 zum Ende der Selbstständigkeit und zur Schließung der *Aubergine*. Ein Verlust, der bis heute nicht ausgeglichen werden konnte.

Die folgenden 18 Jahre waren eine Epoche mit unglaublichen Erfolgen auf Mallorca, in Tokio, in Witzigmanns *Palazzo* und dem *Hangar 7* in Salzburg. „Koch der Könige und der Götter" nannte die *New York Times* ihn. Zum „Koch des Jahrhunderts" krönte ihn der *Gault Millau*. Die schwedische Universität Örebro verlieh ihm 2007

Ehrendoktoren- und Ehrenprofessorenwürden. Diese Liste könnte noch unendlich fortgesetzt werden, aber hier geht es ja um das Warum der Größe und Bewunderung Eckart Witzigmanns.

Das *Kulinarische Interview* stellte in den letzten zwei Jahren 107 Küchenchefs aus Deutschland, Österreich, der Schweiz und aus Italien die Frage: Welchen Küchenchef (lebend) bewundern Sie am meisten? – Mehrfachnennungen waren erlaubt. Insgesamt wurden über 50 Küchenchefs benannt. Mit 28 Stimmen führt Eckart Witzigmann die Liste mit großem Abstand an. Das war mir schon klar, als ich die Frage las. Doch aufgrund der Namen auf den Folgeplätzen wird klar, was die befragten Köche am meisten bewunderten. Auf Platz zwei folgte Dieter Müller mit zwölf Stimmen. Platz drei teilen sich Harald Wohlfahrt, Alain Ducasse und Joachim Wissler mit je neun Stimmen. Auf Platz sechs liegt Joël Robuchon mit sieben Stimmen. Platz sieben gehört Ferran Adrià mit sechs Stimmen, Platz acht Hans Haas mit fünf Stimmen. Platz neun teilen sich Johann Lafer und Paul Bocuse mit je vier Stimmen. Knapp an den Top Ten vorbei gerutscht ist René Redzepi mit drei Stimmen.

Lässt man sich die Namen dieser elf Küchenchefs auf der Zunge zergehen, fällt auf, dass reine Popularität eine untergeordnete Rolle spielt, denn nur einer unter ihnen ist ein Fernsehkoch: Johann Lafer. Und genau dieser Johann Lafer ist von allen Fernsehköchen derjenige, der die größte Reputation als Koch sein eigen nennen darf.

Es ist etwas anderes, das Profiköche bewundern. Es ist die Tatsache, beim Abtreten von der Kochbühne eine Lücke zu hinterlassen. Die Größe der Lücke bestimmt das Maß der Bewunderung. Und die Lücke, die Eckart einst hinterlassen wird, ist jetzt schon so unglaublich, einfach unvergleichlich. In Frankreich mag es einen Paul Bocuse geben, aber im deutschsprachigen Raum wird es nie einen zweiten Eckart Witzigmann geben. Eckart, ich hoffe, dich noch viele Jahre begleiten zu dürfen, bedanke mich und verneige mich vor dem, was du tust und was du bist.

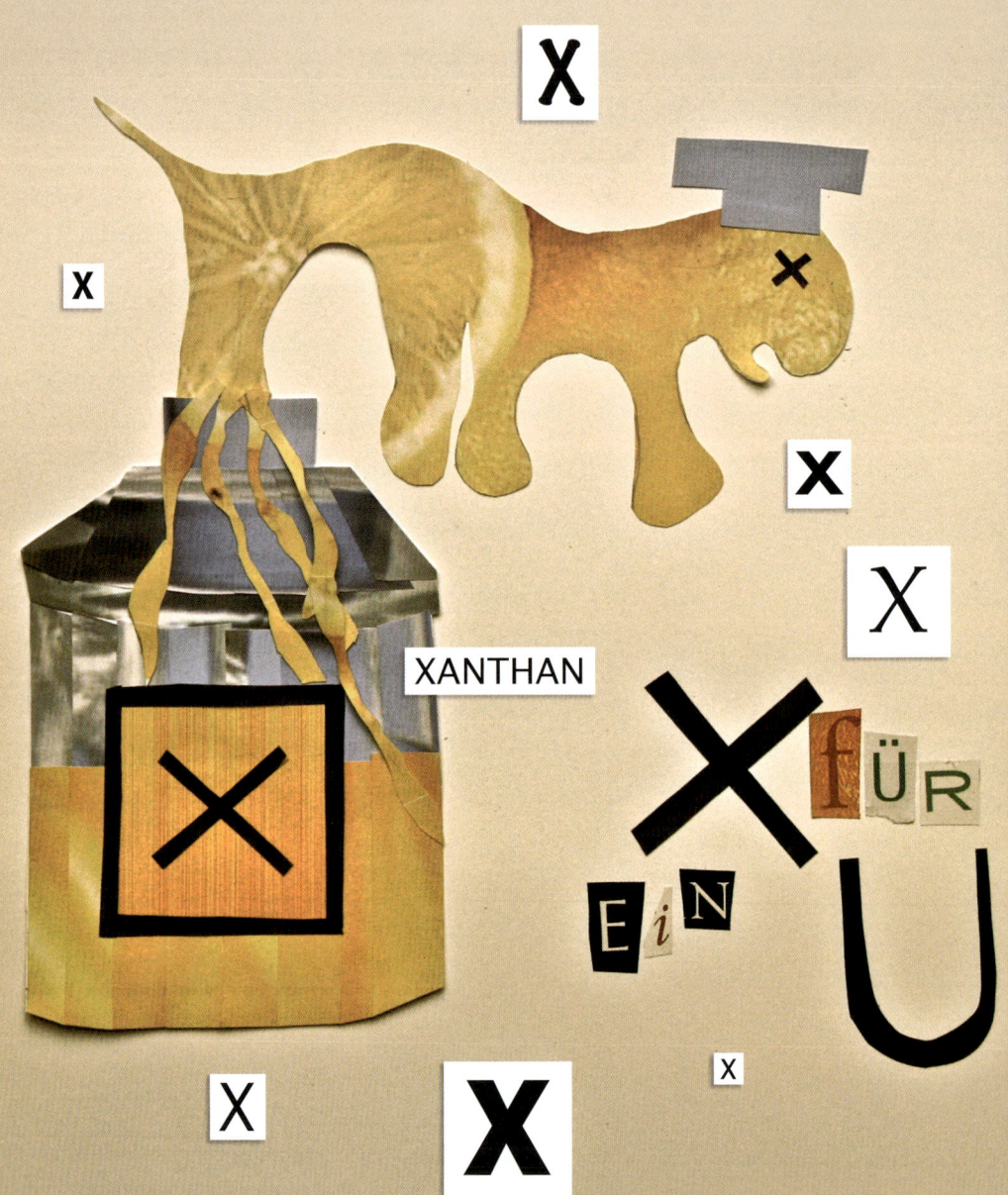

XANTHAN

X für ein U

X WIE
XANTHAN

Mit Xanthan habe ich einen typischen Vertreter der Texturgeber molekularer Küche gewählt, um Ihnen einen in erster Linie sehr interessanten Emulgator vorzustellen, in zweiter Linie aber auch, um am Beispiel des Xanthans mit einem leider weitverbreiteten Vorurteil diesen Texturgebern gegenüber aufzuräumen.

Gehen wir aber zunächst einmal auf das Xanthan an sich ein. In den Gewürzregalen der Profiköche finden wir heute ganz sicher Pfeffer, Salz und Paprika. Diese drei Gewürze werden auch sofort aufgefüllt, wenn die Gewürzdosen leer sind, weil genau diese drei in fast jeder herzhaften Rezeptur Anwendung finden. Daneben stehen 30 oder 40 weitere Gewürze und Kräuter. Diese werden auch benutzt, aber nicht universell, sondern nur in speziellen Fällen. Neigt sich dieser Vorrat einmal dem Ende zu, wird irgendwann einmal wieder aufgefüllt, aber nicht sofort.

Ich behaupte, in 20 Jahren wird das Xanthan in der Profiküche einen Platz zwischen Pfeffer und Salz und noch vor Paprika und noch weit vor allen anderen Gewürzen finden. Xanthan ist zwar kein Kraut und auch kein Gewürz, die Handhabung aber ist ganz ähnlich. Denn Xanthan ist nicht nur ein Emulgator, das heißt, es verbindet Flüssigkeiten wie Öl oder Wasser, die normalerweise inkompatibel sind, sondern ist zusätzlich noch ein Gelier- und Verdickungsmittel. Diese Kombination alleine ist aber nicht der Grund, weshalb es sich zum unentbehrlichen Küchenhelfer neben Pfeffer und Salz mausern wird.

Es ist die Vielseitigkeit der Einsatzfelder, die diesen Texturgeber so unentbehrlich machen wird, denn schon heute ist ein klarer Trend zu Konsistenz und „Mouthfeeling" zu verzeichnen. Diese Eigenschaften sind jetzt bereits fast genauso wichtig wie der Geschmack. Das glauben Sie nicht? Dann fragen Sie einmal einen Koch, ob ein zartes, aber geschmacklich eher fades Steak oder ein Steak voll Fleischaroma, das aber ein wenig zäh ist, den Gast mehr begeistert. Zähes Fleisch akzeptiert niemand, auch wenn es noch so gut schmeckt. Ähnliches gilt auch für wässrige Saucen, suppige Cremes und bröckeliges Eis, gleichgültig, wie gut sie schmecken.

Schon vor über 100 Jahren wurde Saucen meist mit Mehl oder Stärke eine Bindung gegeben. Um eine Sauce aber sämig zu bekommen, waren bis zu 30 Gramm Maisstärke pro Liter Flüssigkeit nötig. Neben der Eigenschaft zu binden hatte die Maisstärke aber noch andere, unerwünschte Eigenschaften. Die Stärke veränderte die Farbe der Sauce und, was noch viel schlimmer war, sie veränderte den Geschmack.

Wurde eine perfekt abgeschmeckte Grundsauce zu einer Sauce gebunden, entstand ein anderes Produkt. Damit musste man leben.

Heute bindet nur ein Bruchteil der Menge (ein bis drei Gramm pro Liter) Xanthan völlig geschmacks- und farbneutral und es bindet auch Flüssigkeiten, die ursprünglich als schwer zu binden galten. Früher wurden z. B. Salatdressings auf Essig-/Ölbasis mit Senf gebunden; Senf kann eine gewünschte Geschmackskomponente sein, kann aber auch als störend empfunden werden.

Mit Xanthan, das von der Industrie bereits seit Jahrzehnten eingesetzt wird, hat der Koch endlich die Möglichkeit, jeder flüssigen
Speise farb- und geschmacksneutral genau die Konsistenz zu verleihen, um das perfekte „Mouthfeeling" zu erzielen. Xanthan ist ein
harmloses Hilfsmittel für den Koch, seine eigenen geschmacklichen
Kreationen auch auf Konsistenzebene zu verbessern.

Die junge Garde der Köche hat dieses Wissen bereits verinnerlicht
und hat keine Berührungsängste damit. In zehn oder 20 Jahren wird
diese Generation von Köchen jedoch die Position des Küchenchefs
oder des Küchendirektors stellen. Das wird der Zeitpunkt sein, an
dem Xanthan im Küchenregal neben Pfeffer und Salz stehen wird.
Wie mit vielen anderen Texturgebern muss auch der Umgang mit
Xanthan erlernt werden. Statt aus dem Handgelenk zu dosieren wie
bei den meisten Gewürzen muss mit Feinwaage und Messbecher gearbeitet werden – eine Tätigkeit, die der Koch sonst eher dem Patis-
sier überließ. Die neue Generation von Köchen wird sich daran
gewöhnen müssen.

Und hier liegt der Hase im Pfeffer: Viele Köche halten Texturgeber
für etwas, das kein Mensch braucht. Diese Einstellung ist ebenso tö-
richt wie frevelhaft, denn die Berufung eines Kochs ist es, Produkte
in bestmöglicher Qualität auf den Teller zu bringen. Punkt.

Muss ein Koch also den Umgang mit neuen Texturgebern erst einmal
lernen, um sie zu verstehen, und hat er sie dann verstanden, muss
er auch noch seine Gewohnheiten in der Küche umstellen, dann ist
das so.

Jeder Koch, der sich vor neuen Entwicklungen drückt, weil das Ge-
wohnte ihm so gut von der Hand geht, hat seinen Beruf verfehlt.

Ich weiß sehr genau, dass der Ausdruck „Molekularküche" zu einem No-Go geworden ist und dass ein Koch keine Akzeptanz findet, propagiert er diese Küche.

Aber die Entschlüsselung der modernen Kochtechniken und die Bereitstellung der Texturgeber haben der Profiküche einen dermaßen großen Entwicklungsschub gegeben wie es ihn seit der Einführung der Nouvelle Cuisine vor 40 Jahren nicht mehr gegeben hat. Ich möchte hier nicht einfordern, plötzlich molekular zu kochen. Nein, es gilt, weiterhin regional und mit den besten Produkten zu kochen. Man muss aber die neuen Techniken und die neuen Texturgeber annehmen, um der hauseigenen Küche die besten Resultate zu entlocken. Denn dafür stehen die ambitionierten Köche der gehobenen Gastronomie.

Y WIE
YUZU **UND** YSOP

Bei den Vorbereitungen für den Buchstaben Y hatte ich bereits Schweißperlen auf der Stirn. Y ist kein deutscher Buchstabe. Er wurde sozusagen nachträglich in das deutsche Alphabet eingebaut. Deswegen gibt es auch kein deutsches Wort, das mit Y anfängt. Auch bei den Fremdwörtern ist das Y als Anfangsbuchstabe eher selten. Deswegen überlegte ich zuerst, das Y einfach zu überspringen und direkt mit dem Z weiter zu machen. Bei der Kontrolle, welche Möglichkeiten ich überhaupt mit dem Buchstaben Y habe, bin ich auf zwei interessante Artikel gestoßen. Einen topaktuellen und einen sehr historischen, beide bemerkenswert – aber jeder für sich leider nicht so bemerkenswert, einen ganzen Bericht zu füllen. Deswegen die Aufteilung in zwei kleine Berichte.

Anfangen möchte ich mit dem topaktuellen Artikel: Yuzu, eine asiatische Zitrusfrucht. Bis vor einigen Jahren war diese Frucht außerhalb Asiens aus vielerlei Gründen unbekannt. Ein Grund war das sehr trockene Fruchtfleisch der Yuzu, das über und über durchsetzt mit riesigen Kernen ist. Man kann die Frucht weder pressen noch essen. Das macht den Export extrem unlukrativ. Eine positive Eigenschaft hat diese Frucht jedoch: Es ist ihr Duft. Dieser frische Zitrusduft ist dermaßen betörend, dass er einen an warmen Tagen eine Gänsehaut bekommen und an kühlen Tagen einen wohlig-warmen Schauer bekommen lässt.

Kein Wunder also, die Yuzu musste den Umweg über die Parfümindustrie machen, um ihren Platz in den ambitionierten Küchen dieser Welt zu finden. In Asien ist der Saft der Yuzu sehr kostbar. Das liegt an der wegen des trockenen Fruchtfleisches sehr geringen Ausbeute, die auch noch extrem aufwendig zu erlangen ist, da die vielen Kerne dabei nicht zerstört werden sollten. Folglich ist der Yuzusaft, der in Asien ja bereits kostbar ist, hier bei uns fast unbezahlbar. Reiner Saft kostet oft mehrere 100 Euro pro Liter. Tatsache bleibt: Yuzu ist ein emotionales Lebensmittel, welches ein angenehm wohliges Gefühl erzeugt.

Aus Gründen der Rentabilität wird Yuzu deshalb nur selten als reiner Saft gehandelt, sondern meist als Bestandteil einer Würzsauce oder als Grundstoff für Yuzutee. Doch auch bei diesen Produkten ist das komplexe Zitrusaroma, das nicht die adstringierende Säure der Zitrone aufweist, sondern eher die Lieblichkeit der Mandarine, sofort spürbar. Yuzu gehört zu den Lebensmitteln, die niemanden unberührt lassen. Während andere, polarisierende Lebensmitteln entweder geliebt oder gehasst werden, überwiegt bei der Yuzu eindeutig die Liebe zum Produkt und zum Geschmack. Wer einmal einen Yuzutee getrunken oder einen Salat mit Yuzu-Essigdressing gegessen hat, wird dieses Aroma für lange Zeit in positiver Erinnerung behalten. Topaktuell ist Yuzu jedoch aus einem anderen Grund: Auf dem Gastronomiesymposium *CHEF-SACHE* in Köln wurde unlängst ein neuer Aperitif angeboten. Es war ein japanischer Yuzu-Sake-Aperitif aus dem Hause *Île Four*. Bei diesem Symposium waren die größten Küchenchefs Europas überwältigt und einhellig der Meinung, der Yuzu-Sake-Aperitif werde in kürzester Zeit zum Trendgetränk. Wenn

Sie also einmal die Möglichkeit zum Probieren haben, tun Sie es, dann wissen Sie warum.

Kommen wir jetzt zum historischen Artikel: der Ysop. Den meisten von Ihnen wird der Ysop als Bestandteil des Bouquet garni, des Kräutersträußchens, das vielen Suppen und Saucen sein Aroma verleiht, oder als Bestandteil des Suds, auf dem Fisch gedämpft wird, bekannt sein. Einige von Ihnen werden sicher auch ein wenig Ysop in ihrem Kräuterbeet gepflanzt haben, denn Ysop ist ein dankbares, unkompliziertes, aber ansonsten ein eher vergessenes Kraut.

Es gibt jedoch kaum ein Kraut, mit einer bewegteren Geschichte. In der Bibel wird Ysop an mehreren Stellen als Gewürzkraut erwähnt. Seine Bekanntheit verdankt es jedoch sicher der Überlieferung, bei dem Stab, mit dem Jesus am Kreuz der Essigschwamm an die Lippen gedrückt wurde, habe es sich um einen Ysopstab gehandelt. Wer jedoch Ysop kennt, wird eher vermuten, der Schwamm selbst sei mit Galle, Essig und Ysop getränkt gewesen, denn Ysop ist in erster Linie bitter. Zudem ist der Ysopstrauch in der Regel kleinwüchsig, seine Äste wären gar nicht lang genug für einen Stab gewesen.

Im Mittelalter war Ysop das „Lieblings"kraut in den Klostergärten und viele Heilkundige, allen voran Hildegard von Bingen, sprachen dem Ysopkraut geradezu universell heilende Wirkung zu. Alles in allem soll Ysop gegen Nierensteine, Gallensteine, Lungenbeschwerden, Leberbeschwerden, Bronchial-Asthma, Halsschmerzen, Husten, Heiserkeit, Grippe, Krebsgeschwüre, Ödeme, Blähungen, Magenschmerzen, Verdauungsprobleme, Ohrensausen, Schwindelgefühle, Zahnschmerzen, Muskelkater, Durchblutungsstörungen, Menstrua-

tionsbeschwerden, Kopfschmerzen, Herzbeschwerden, Augenbe-
schwerden, Wassersucht, Gelbsucht, Schlaflosigkeit und Nervosität
helfen. Zudem wirkt Ysop krampf- und schleimlösend, es ist blä-
hungstreibend und beruhigend. Es wird aufgrund seiner schweiß-
treibenden Wirkung auch bei fiebrigen Erkältungen eingesetzt.
Ysop ist außerdem ein Nervenheilmittel, das beruhigend gegen
Angstzustände und Hysterie wirkt. Zu guter Letzt ist Ysop blutdruck-
steigernd, appetitanregend, verdauungsfördernd und selbst Lepra,
Rheuma, Melancholie und Depressionen wurden damit behandelt.
Na, wenn das mal nicht wirklich ein Kracher ist.
Heute erlebt Ysop eine kleine Renaissance. Moderne Kräuterfarmen
bieten heute zwei neue Varianten des Ysop an: Lemonysop und
Anisysop. Während der traditionelle Ysop sich durch Bitterkeit aus-
zeichnet, der übrigens auch für den bittersüßen Geschmack des
Chartreuse-Likörs verantwortlich ist, sind die vordergründigen Aro-
men des Anisysops die Lakritze und die des Lemonysops Limone und
Anis. Eine charmante Alternative, denn das Leben ist manchmal
schon bitter genug.

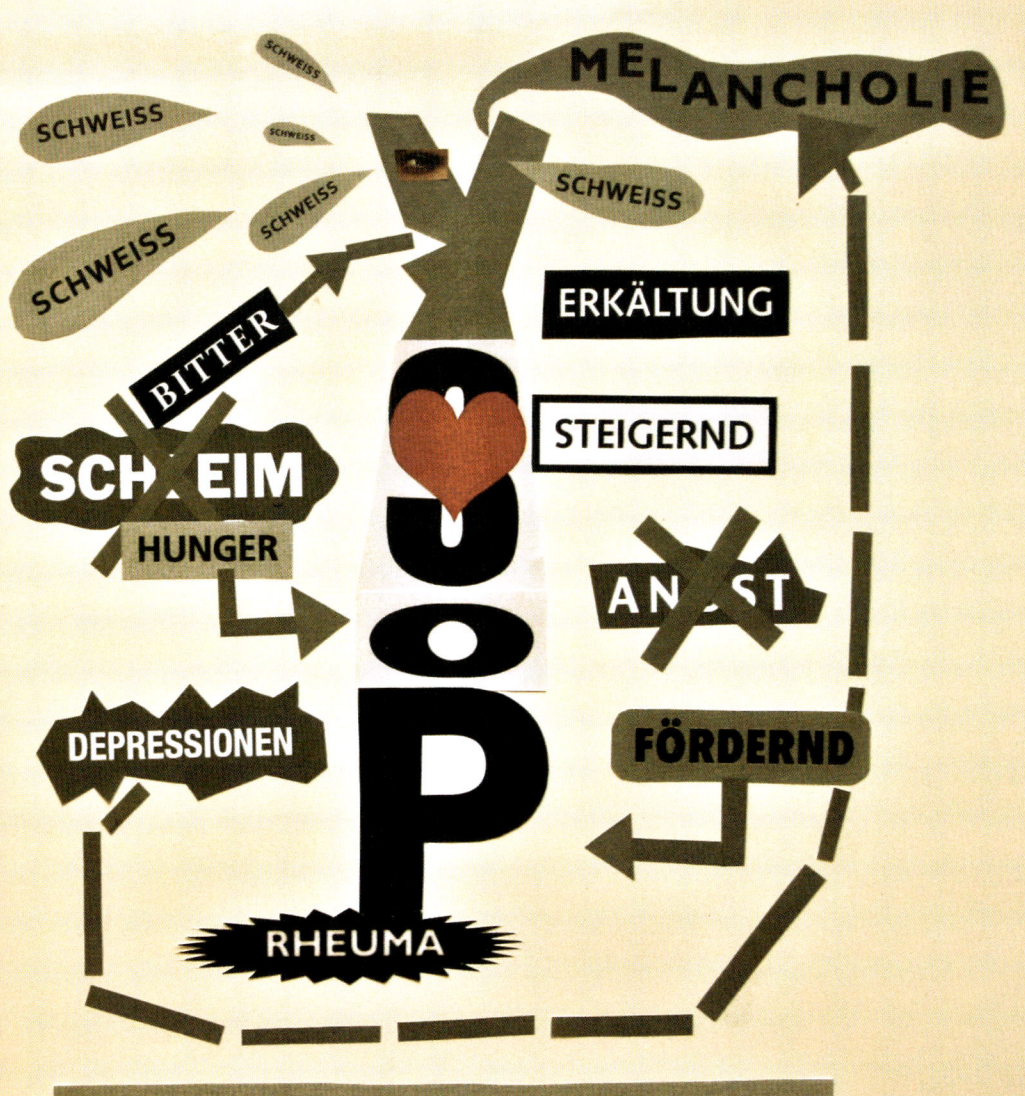

AU MANN WAS YSOP ALLES KANN!

Z WIE
ZUCKER

Zum Abschluss dieses Buches möchte ich gerne noch von meinem Lieblingszucker berichten. Es ist ein spezieller Palmzucker, der alle Vorteile, die ich an gutem Zucker schätze, in sich vereint und auf die normalerweise mit ihnen einhergehenden Nachteile weitestgehend verzichtet.

Es ist ein Kokosnusszucker aus Java, eine der vier Hauptinseln Indonesiens. Wie alle Palmzucker wird auch dieser Zucker aus dem Nektar der Palmblütenstände gewonnen. Das Abernten des Nektars kann man sich ähnlich wie die Gewinnung des Ahornsafts in Nordamerika vorstellen. Werden allerdings in Nordamerika kleine Zapfhähne in den Stamm des Ahornbaums gebohrt, wird bei der Palmzuckerernte mit Bambusrohren gearbeitet, die an zuvor gebohrten Löchern im Palmstamm befestigt werden; so wird der Saft der Bäume bzw. der Nektar der Palmen gesammelt. In beiden Fällen haben die Säfte bereits einen gewissen Zuckergehalt. Beim Ahornsaft sind es vier bis fünf Prozent, bei den meisten Palmsorten um die 15 Prozent.

Mein Verhältnis zu Palmzucker war bis vor kurzer Zeit noch gespalten. Er wird überall, wo Palmen wachsen, aus den verschiedensten Palmsorten und auf unterschiedlichste Art und Weise produziert. Die bekannteste Sorte ist die thailändische, bei der der Palmnektar in Woks oder kleinen Kesseln bei großer Hitze so lange einreduziert wird, bis der Zucker zuerst kristallisiert und zuletzt zu einer harten

Scheibe verklebt. Diese Palmzuckerscheiben werden dann erst in der Küche durch Reiben, Zertrümmern, einfaches Auflösen oder Mitkochen wieder zerkleinert. Auf jeden Fall umständlich. Bei dieser Verarbeitungsweise wird auch mit sehr hohen Temperaturen gearbeitet, was sich ungünstig auf den Geschmack und die Inhaltsstoffe auswirken kann.

Zudem ist es in der östlichen Welt möglich, Rohr- und Rübenzucker aus der Raffinerie günstiger einzukaufen als den einheimischen Palmzucker. Deshalb begann man beinahe überall den Palmzucker mit Raffinade zu strecken. Heute sind fast alle im Handel erhältlichen Palmzucker mit 50 bis 90 Prozent Raffinade gestreckt.

Kommen wir zurück zum Kokosnusszucker aus Java. Dieser Zucker wird von einer Kooperative aus ca. 3000 Bauern sehr traditionell hergestellt. Zwar wird auch hier der Nektar erhitzt, bis der Zucker kristallisiert und auch das passiert in Woks oder Kesseln, jedoch bei niedrigen Temperaturen auf einem Feuer aus Kokosnussschalen. Dieser schonende Vorgang dauert vier Stunden und hat zur Folge, dass ein Bauer nur maximal zwei Kilo Zucker pro Tag herstellen kann, aber auch, dass dieser Zucker reich an Vitamin B1, B2, B3, B6 und Vitamin C ist; zudem enthält er 16 wichtige Aminosäuren und Spurenelemente wie Eisen, Kalium, Zink und Magnesium. Dieser Zucker ist also alles andere als ein Lieferant leerer Kalorien. Sein Glykämischer Index (GI) liegt bei 35, der GI handelsüblicher Zucker liegt bei 68. Diese Eigenschaft hält den Zuckergehalt im Blut niedrig. Das macht den Zucker für Diabetiker verträglich und, wie wir spätestens seit der „Schlank im Schlaf"-Revolution wissen, ist es auch gut für die Figur.

Das Beste aber kommt noch: Aufgrund von aufwendiger Handarbeit wird dieser Zucker mit weniger als drei Prozent Feuchtigkeit hergestellt, was ihn nicht verklumpen lässt. Er bleibt dadurch in der Küche und bei Tisch streufähig.

Er löst sich auch in kalten Flüssigkeiten sehr schnell auf.

All das macht ihn zu einem sehr problemlosen Zucker.

Er schmeckt ausgezeichnet – nicht ganz so süß wie Raffinade, aber sanft-karamellig und vielschichtig.

Er eignet sich ausgezeichnet zum Backen.

Er ist biozertifiziert, was auf der einen Seite bedeutet, dass die Produktion umweltverträglich erfolgte, auf der anderen Seite kann der Käufer sicher sein, ein reines Produkt zu erwerben. Hier ist die Chance, mit Raffinade gestreckten Zucker zu bekommen, gleich null. Aufgrund seiner nachhaltigen Gewinnung und Verarbeitung wurde er von der Ernährungs- und Landwirtschaftsorganisation der Weltbank *(Food and Agricultural Organisation, FAO)* als einzige Zuckersorte ausgezeichnet.

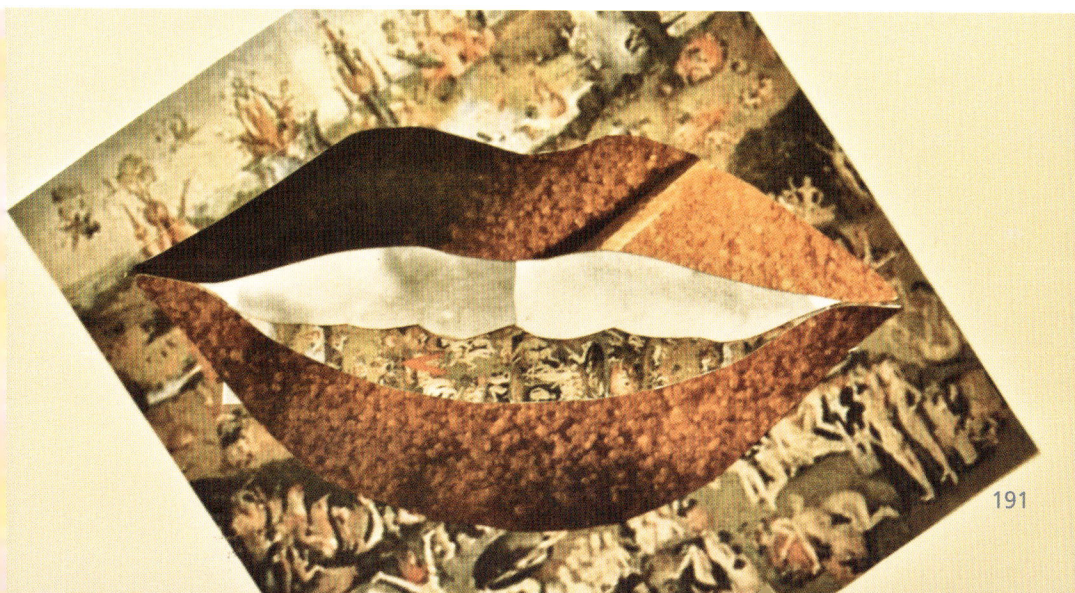

Epilog

Ich danke Ihnen, lieber Leser, liebe Leserin, dass Sie es bis hierhin geschafft haben. Ich hoffe, dass Ihnen das Lesen der Geschichten genau so viel Freude bereitet hat, wie mir das Schreiben. Sollte dem so gewesen sein, bitte ich zu bedenken: Falls Sie dieses Buch geschenkt bekommen haben, dürfen Sie sicher sein, dass der Schenker Sie für einen kulinarisch interessierten Feinschmecker hält. Sollten Sie jedoch jemanden kennen, dem Sie dieses Kompliment machen wollen, schenken Sie ihm dieses Buch.

Wenn sie nur den Klappentext lesen und noch unsicher sind, was Sie tun sollen, kaufen Sie zwei dieser Bücher. Eins zum Lesen, eins zum Verschenken. Denn sollte dieses in ausreichender Anzahl passieren, wird der Verlag mich bitten eine Fortsetzung zu schreiben und ich verspreche, ich tu das.

Ich weiß noch nicht ob es dann die kulinarischen Geschichten von 1 -100 oder Delikatessen von ganz trocken bis ganz nass oder vielleicht Gaumenfreuden in den Farben des Regenbogen oder vielleicht auch nur ein „Alphabet für Genießer – reloaded" schreiben werde, aber ich werde es machen.

Es liegt nur an Ihnen.

Bis dahin verbleibe ich

in kulinarischer Verbundenheit

Ihr

Ralf Bos

192